… **Aktuelle Frauenforschung**
Band 38

Open Learning in der Weiterbildung von Frauen

Auswertung britischer Erfahrungen
für die deutsche Praxis

Gudrun Christ

Centaurus Verlag & Media UG 1997

Die Autorin, *Gudrun Christ,* Diplom Sozialarbeiterin und Diplom Pädagogin, studierte Sozialwesen an der Fachhochschule für Sozialwesen in Esslingen und absolvierte anschließend ein Aufbaustudium Erwachsenenbildung / Sozialwissenschaften an der Universität Tübingen. Derzeit ist sie tätig als Weiterbildungsberaterin und Geschäftsführerin einer Einrichtung für die berufliche Förderung von Frauen.

Die Deutsche Bibliothek – CIP-Einheitsaufnahme

Christ, Gudrun:
Open learning in der Weiterbildung von Frauen : Auswertung britischer Erfahrungen für die deutsche Praxis / Gudrun Christ. – Pfaffenweiler : Centaurus-Verl.-Ges., 1997
  (Aktuelle Frauenforschung ; 38)
  ISBN 978-3-8255-0149-5   ISBN 978-3-86226-443-8 (eBook)
  DOI 10.1007/978-3-86226-443-8
NE: GT

ISSN 0934-554X

Alle Rechte, insbesondere das Recht der Vervielfältigung und Verbreitung sowie der Übersetzung, vorbehalten. Kein Teil des Werkes darf in irgendeiner Form (durch Fotokopie, Mikrofilm oder ein anderes Verfahren) ohne schriftliche Genehmigung des Verlages reproduziert oder unter Verwendung elektronischer Systeme verarbeitet, vervielfältigt oder verbreitet werden.

© *CENTAURUS-Verlagsgesellschaft mit beschränkter Haftung, Pfaffenweiler 1997*

Satz: Vorlage der Autorin

INHALTSANGABE

	Seite
Hintergrund und Fragestellung	9
Aufbau und Methodik	13

TEIL I
PROBLEMAUFRIß: "OPEN LEARNING" UND ANFORDERUNGEN AN DIE WEITERBILDUNG VON FRAUEN

Die Idee "Open Learning": Wurzeln, Merkmale und didaktische Implikationen 18
Der Begriff "Open Learning" und seine Wurzeln 18
Dimensionen der Offenheit: Wann und wie sind Lernsysteme "offen"? 21
"Open Learning" und Fernunterricht/ Fernstudium 23
Vorzüge für Lernende versus erhöhte Anforderungen 25
Anforderung an Selbst-Steuerung und Autonomie 26

Der weibliche Lebenszusammenhang im Kontext geschlechtsspezifischer Arbeitsteilung als Rahmen für Anforderungen an die Weiterbildung 29
Zur Situation sogenannter Wiedereinsteigerinnen 32
Wiedereinsteigerinnen: eine heterogene Gruppe 33
Gemeinsamkeiten 34
Der inhaltliche Weiterbildungsbedarf 36
Zusammenfassende Beschreibung der Zielgruppe 37
Didaktische Ableitungen und ihr Bezug zu "Open Learning" 38

Partiell offene Lernsysteme in der Bundesrepublik Deutschland und ihre Nutzung durch Frauen - Tendenzen 42
Fernunterricht 42
Fernstudium: Fernuniversität Hagen 44
Lernen mit Selbstlernmaterialien/-systemen 45
Praxiserfahrungen aus der Beratung von Frauen 47
Fazit 48

TEIL II
"OPEN LEARNING" IM VEREINIGTEN KÖNIGREICH: DIE VERANKERUNG "OFFENER" LERNSYSTEME UND IHRE RELEVANZ FÜR FRAUEN

Seite

Die Ausbreitung und öffentliche Förderung von "Open Learning"
im Vereinigten Königreich: Beobachtungen und Hintergründe 52
Durch nationale Institutionen zentral koordinierte Initiativen zur
Verbreitung von "Open Learning" 54
Die Open University 55
The National Extension College (NEC) 58
Dezentral umgesetzte nationale Programme zur Verbreitung
von „Open Learning" 59
Die Intitiative Open Tech 60
Die Intitiative Open Learning Credits 60
"Open Learning"-Angebote als zielgruppenorientierte Angebote 62
Angebote für Frauen 63
Angebote für Bildungs- und Lernungewohnte 63
Angebote für gering Qualifizierte 64

Die Gestaltung der Lernbedingungen: Lernzentren für
individualisiertes, mediengestütztes Lernen 66
Formen und Funktionen von Lernzentren 66
Das Open Learning Centre in Barry bei Cardiff 67
Die Rahmenbedingungen des Zentrums 67
Das Angebot und die Arbeitsweise des Zentrums 69
Die Nutzung des Zentrums durch Frauen 70

„Open Learning"-Angebote im Kontext des britischen
Bildungs- und Beschäftigungssystems 74
Qualifikationserwerb im dezentral organisierten Bildungssystem 74
Schulische Qualifikation 75
Qualifizierung zur Vorbereitung des Berufseintrittes 76
Die Tradition des individualisierten Erwerbs von Abschlüssen 78
Schlußfolgerungen zur Verwertbarkeit erlangter Kenntnisse
im britischen Beschäftigungssystem 80
Negative Implikationen geringer Formalisierung - Die Diskussion
um Strukturen von Aus- und Weiterbildung 82
Aktuelle Veränderungsbestrebungen: Formalisierung und
Schaffung allgemeiner Standards 83
Beruflich orientierte Qualifizierung für Erwachsene und die
neue Rolle der Erwachsenenbildung 84
Fazit 86

TEIL III
AUSWERTUNG DER BRITISCHEN ERFAHRUNGEN FÜR DIE WEITERBILDUNG VON FRAUEN IN DER BUNDESREPUBLIK DEUTSCHLAND

Seite

Grundsätzliche Überlegungen zu einer "weiblichen Lernkultur" 90
Der Wunsch von Frauen nach Lernen mit anderen 90
Der Erklärungsansatz des "weiblichen" Denkmodells nach Belenky u.a 92
Der Nutzen sozialer Lernsituationen für Frauen 95
Soziales Lernen: längst ein geschlechtsübergreifendes Erfordernis 97
Fazit 98

Rahmenbedingungen für "Open Learning": Die Bedeutung flankierender Angebote 100
Die Frage der Familienarbeit und der Kinderbetreuung 100
Die Frage des Lernortes 102
Die Frage der Kosten 102
Der Modellversuch "Weiterbildung für Familienfrauen durch Fernunterricht" 103

Rahmenbedingungen im Bildungssystem der Bundesrepublik Deutschland 106
Formen beruflicher Qualifizierung: Die Vorrangstellung des Dualen Systems 107
Die Reglementierung der Wege zur Qualifizierung 111
Beschäftigungspolitische Relevanz von erworbenen Qualifikationen 113
Fazit 114

Perspektiven und Ansatzpunkte für den Einsatz von "Open-Learning"- Elementen in der Weiterbildung von Frauen in Deutschland 117
Übertragungsprobleme 117
Öffnung für neue Ansätze vor dem Hintergrund aktueller Entwicklungen 118
Das "Open Learning"-Projekt Telcom 121
Ansatzpunkte: Integrierte Konzepte und Entlastungsangebote für Frauen 122
Ansatzpunkte: Neue Wege der Berufsbildung 124
Die Vorteile des modularen Modells 126
Die Anerkennung der Module und der bestehende rechtliche Rahmen 126
Wie kann die Einbindung praktischer Tätigkeiten aussehen? 128
Unabdingbar: Beratung und Begleitung 129
Kritische Aspekte modularer Qualifizierung 129
Schlußbemerkung 130

Literatur 131
Anhang 1-3 142-145

Hintergrund und Fragestellung

Die Durchdringung der Lebens- und Erwerbsbereiche durch Informations- und Kommunikationstechnologien bringt für die Weiterbildung neue Möglichkeiten und Anforderungen mit sich. Weiterbildung steht in besonderer Weise im Blickpunkt: nicht nur in inhaltlicher Hinsicht aufgrund der beschleunigten Verfallzeiten von Wissen oder aufgrund der wachsende Bedeutung des Zugangswissens. Sie ist auch in methodisch-didaktischer Hinsicht aufgefordert, neue Konzepte für das Lernen selbst auf der Basis der Informations- und Kommunikationstechnologien zu entwikkeln. Die zunehmend benutzerInnenfreundlich umgesetzte Integration von Technologien über Multimedia-Anwendungen, die interaktiven Anwendungsmöglichkeiten und neue Formen der Kommunikation durch technische Vernetzung ermöglichen computergestützte Lernformen, die individueller und flexibler nutzbar sind. Sie ermöglichen - effektiver als bislang- Lernen außerhalb von lehrerInnenvermitteltem Unterricht in der Gruppe oder Klasse. Das Lernen selbst wird damit tendenziell individualisiert. Wie ist die Tendenz zu individualisierten Lernformen für die Weiterbildung von Frauen einzuschätzen? Inwieweit kommt individualisiertes Lernen - auch unter dem Begriff „Open Learning" diskutiert - den Lernbedürfnissen und dem Lernbedarf von Frauen entgegen? Diese Frage soll entlang der Rahmenbedingungen von Frauen, die nach einer Familienphase beruflich wieder einsteigen wollen und entlang britischer und deutscher Erfahrungen mit der Nutzung individualisierter Lernformen durch Frauen erörtert werden.

Diese Arbeit entstand vor dem Hintergrund mehrjähriger praktischer Erfahrungen in der Beratungs- und Bildungsarbeit mit Frauen, insbesondere solchen Frauen, die nach familienbedingter Erwerbsunterbrechung wieder erwerbstätig werden wollen oder müssen. Die Beratungs- und Anlaufstelle des Vereins Berufliche Förderung von Frauen (BeFF) in Stuttgart war zwischen 1989 und 1994 eine von 17 Einrichtungen im im (alten) Bundesgebiet, die im Rahmen des Modellversuches "Beratungsangebote und -einrichtungen für Berufsrückkehrerinnen" durch das Ministerium für Frauen und Jugend gefördert wurden.[1] Im Rahmen des durch Infratest Sozialforschung in München wissenschaftlich begleiteten Modellversuchs konnte Frauen ein Unterstützungsangebot beim beruflichen Wiedereinstieg gemacht werden - gleichzeitig konnten die Situation der Frauen beim Wiedereinstieg, ihre Probleme, Bedürfnisse und der Bedarf an adäquaten Bildungsangeboten erforscht werden.

---

[1] Die neuen Bundesländer (ehemalige DDR) sind nicht einbezogen, weil der Modellversuch vor dem Fall der Mauer startete. Tatsächlich ist jedoch das Phänomen der Berufsunterbrechung aus familiären Gründen ein "West"-Phänomen: in der ehemaligen DDR waren Frauen, auch wenn sie Kinder hatten, in der Regel erwerbstätig.

Das Phänomen der familienbedingten Erwerbsunterbrechung, die fast aussschließlich von Frauen und zum Zwecke der Kindererziehung vorgenommen wird, ist in der Bundesrepublik erst seit Mitte der 80er Jahre verstärkt ins Blickfeld der Öffentlichkeit gerückt und Gegenstand wissenschaftlicher Untersuchungen geworden. Neben einer groß angelegten bundesweiten Repräsentativ-Untersuchung des Instituts für Arbeitsmarkt- und Berufsforschung (IAB) in Nürnberg durch G. Engelbrech 1987, in der familienbedingte Unterbrechung und Wiedereinstieg von Frauen nach einer Familienphase nur ein - allerdings zentraler- Untersuchungsaspekt war, wurden Untersuchungen durchgeführt, die sich gezielt auf diese häufig als Berufsrückkehrerinnen, in dieser Arbeit jedoch durchgängig als Wiedereinsteigerinnen[2] bezeichneten Frauen, bezogen. In der Regel wurden Wiedereinstiegsprobleme in den Mittelpunkt gestellt, so von Gaugler und Hellmich.[3] Der Rolle der Weiterbildung beim Wiedereinstieg widmeten sich die Arbeiten von Hohls und von Bujok.[4]

Die Erfahrungen des Modellversuches bestätigen, daß Wiedereinsteigerinnen in der Regel einen Bedarf an vorbereitenden Orientierungsmaßnahmen und an berufs- bzw. abschlußbezogenen Qualifizierungsseminaren haben. Allerdings bestätigt sich auch, daß entsprechende Angebote oft fehlen. Aber auch da, wo es Qualifizierungsmaßnahmen gibt, haben die Frauen z.T. große Probleme, an ihnen teilzunehmen, da starre Zeitplanungen und eng definierte Zugangsvoraussetzungen zum Ausgangspunkt gemacht werden. Diese Bedingungen stellen nicht nur Wiedereinsteigerinnen, sondern auch andere Zielgruppen unter den Frauen, z.B. Frauen, die neben der Erwerbstätigkeit Kinder oder Angehörige betreuen, vor Probleme.

Zwischen 1992 bis 1994 kam es durch die Mitarbeit der Stuttgarter Beratungsstelle in der EU-Gemeinschaftsinitive NOW - New Opportunities for Women mehrfach zu Treffen mit Projekten mit ähnlichen Arbeitsaufträgen und Zielsetzungen im Vereinigten Königreich[5], insbesondere in Cardiff/ Wales. Das ermöglichte mir einen Einblick in das britische Bildungssystem und in aktuelle Entwicklungen dort. Die Erfahrungen, die ich im Rahmen des Austausches machen konnte, bilden den zweiten Ausgangspunkt der Arbeit.

---

2 Ich ziehe den Begriff Wiedereinsteigerin dem der Berufsrückkehrerin vor, da er neutraler die Bemühung ausdrückt, wieder in der Erwerbsarbeit Fuß zu fassen. Da viele der Frauen nicht wieder in ihren ehemaligen Beruf zurückkehren können oder wollen oder keinen Berufsabschluß haben (siehe Zielgruppenbeschreibung in Teil I) scheint mir der Begriff Berufsrückkehrerin mißverständlich, auch wenn er der in der Literatur häufiger benutzte ist.
3 Siehe Gaugler, E., 1984 sowie Hellmich, A., 1986.
4 Hohls, U., 1987; Bujok, E., 1988.
5 Vereinigtes Köngreich von Großbritannien und Nordirland. In der Arbeit wird durchgängig die Kurzform Vereinigtes Königreich verwendet. Das Adjektiv "britisch" wird auf das gesamte Vereinigte Königreich bezogen verwendet.

Orientierung, Auffrischung beruflicher Kenntnisse, Anpassung oder der Erwerb neuer beruflicher Kenntnisse werden für die britischen Frauen in ähnlicher Weise bedeutsam wie für die deutschen Frauen. Die Probleme der britischen Frauen, sich berufliche Chancen zu eröffnen und nach einer Unterbrechung wieder erwerbstätig zu werden, unterscheiden sich wenig von denen der deutschen Frauen: Die geschlechtsspezifische Arbeitsteilung ist kein ausschließlich deutsches Problem. Auch im Vereinigten Königreich wird Familienarbeit gesellschaftlich den Frauen zugeschrieben, die deshalb mit Nachteilen auf dem Erwerbsarbeitsmarkt zu kämpfen haben. Dies gilt, obwohl Frauen im Vereinigten Köngreich einen höheren Anteil an den Erwerbspersonen stellen (43%) als Frauen in Deutschland (40%) und im Vereinigten Königreich ein höherer Anteil von Frauen mit Kindern erwerbstätig ist, als dies in Deutschland der Fall ist. Annähernd die Hälfte der britischen erwerbstätigen Frauen ist teilzeitbeschäftigt (im Vergleich dazu etwa ein Drittel der deutschen erwerbstätigen Frauen).[6] In beiden Ländern ist Teilzeitarbeit in der Regel gering qualifizierte und niedrig bezahlte Arbeit. Das Angebot und die Organisation öffentlicher Kinderbetreuung sind in beiden Ländern unzureichend, wenngleich die Probleme unterschiedlich akzentuiert sind. So besteht in Deutschland beispielsweise ein öffentliches Regelangebot für Kinder von 3-6 Jahren, die Kindergärten. Sie weisen aber zumeist Öffnungszeiten auf, die sich kaum mit Erwerbstätigkeit vereinbaren lassen. An Betreuungsangeboten für Schulkinder mangelt es. Im Vereinigten Königreich wiederum gibt es Ganztagsschulen, doch kaum ein öffentliches Betreuungsangebot für Kinder unter 5 Jahren.

Auf große Unterschiede zu Deutschland stießen wir im Rahmen des EU-Austausches bei der Gestaltung des Bildungsangebotes, das uns im Vereinigten Königreich in vielen Punkten flexibler erschien. Wir fanden viele Bildungsangebote vor, die in Teilzeit möglich waren (z.B. an berufsbildenden Colleges). Daneben fanden wir viele Angebote, die ganz oder in Teilen über Fernunterrichts- und Selbstlernmaterialien organisiert waren. Das Schlüsselwort dafür heißt "Open Learning". Unter diesen Begriff scheinen derzeit im Vereinigten Königreich alle Bildungsangebote subsumiert zu werden, die in einer oder mehreren Hinsichten flexibel sind: sei es, daß der Lernort oder die Lernzeit selbst gewählt werden können, sei es, daß ein Beginn jederzeitig möglich ist oder sei es, daß strenge Zugangsvoraussetzungen zu Kursen aufgehoben wurden. Da die Gemeinsamkeit bei den "Open Learning"-Konzepten zunächst darin besteht, daß Lernziele individualisiert verfolgt werden, also abgekoppelt von Gruppen, die gleichzeitig mit ähnlichen Voraussetzungen gemeinsam auf das gleiche Ziel hinarbeiten, können die entsprechenden Lernsysteme, die solches Lernen ermöglichen, als individualisierte Lernsysteme bezeichnet werden.

---

6 Siehe: Kommission der Europäischen Gemeinschaften, 1992, S. 19 ff und S. 74 ff und: Schiersmann, Ch., 1993, S. 86 und 91.

Was mir besonders interessant erschien, war die offensichtliche Attraktivität dieser Lernsysteme für Frauen. In der Bundesrepublik Deutschland sind solche Lernsysteme, soweit es sie gibt, nicht sehr populär und werden insbesondere von Frauen nur in geringem Umfang wahrgenommen.[7] Wie ausführlich dargestellt werden soll, werden sie von Wiedereinsteigerinnen eher abgelehnt. In der inzwischen breiten Diskussion um Konzepte der Frauenbildungsarbeit wird ebensowenig darauf eingegangen. Als symptomatisch kann beispielsweise gelten, daß sich Christiane Schiersmann in ihrer Veröffentlichung von 1993, in der sie Bildungskonzepte für Frauen diskutiert und Empfehlungen für die Gestaltung von Bildungsmaßnahmen für Wiedereinsteigerinnen bzw. für Frauen mit Kindern herausarbeitet, ausschließlich auf Maßnahmen in den üblichen Formen des Direktunterricht bezieht. Es gibt in der Bundesrepublik Deutschland, zumindest, soweit es die "alte" Bundesrepublik betrifft, nur in geringem Umfang Forschungsergebnisse zum Thema "Frauen und Fernstudium" - nahezu ausschließlich Arbeiten der Fernuniversität Hagen von Christine von Prümmer und Ute Rossié.

Vor dem Hintergrund der britischen Erfahrungen möchte ich in dieser Arbeit untersuchen, inwieweit "Open Learning" - Elemente (im oben angesprochenen und im weiteren näher definierten Sinn) für die Bildungsarbeit mit Frauen, und hier vor allem für Wiedereinsteigerinnen und Frauen mit ähnlichen Bedingungen, in der Bundesrepublik Deutschland von Bedeutung sein könnten. Da individualisiertes Lernen im Vereinigten Königreich durch eine Reihe von unterstützenden Angeboten, z.B. in öffentlich finanzierten Lernzentren, begleitet werden, wird auch die Rolle solcher Flankierung zu untersuchen sein. Vor allem interessiert mich, unter welchen Bedingungen individualisierte Lernsysteme für die Frauen attraktiv werden, das heißt, welche Rahmenbedingungen der Ausgestaltung und der Unterstützung ihnen wichtig sind. Mit den durch Informations- und Kommunikationstechnologien möglichen neuen individualisierten Lernsystemen - Stichworte hierzu sind Computer-based-Training und Telelearning - gewinnt diese Frage auch für die deutsche Praxis an Bedeutung.

Inhaltlich bezieht sich der Begriff Weiterbildung in dieser Arbeit auf Bildungsbemühungen, die Frauen mit dem individuellen Ziel einer beruflichen Perspektive in den Blick nehmen. Solcherart beruflich orientierte Weiterbildung beschränkt sich allerdings nicht eng auf berufliche Weiterbildung im üblichen Sinn von Fortbildung

---

[7] Die Situation in der ehemaligen DDR wird nicht gesondert in den Blick genommen und ausgewertet. Dort hatte beispielsweise der Fernunterricht eine höhere Verbreitung und Akzeptanz als das in der ehemaligen BRD der Fall war und ist. Gleichzeitig waren die Themen beruflicher Wiedereinstieg und Vereinbarkeit von Familie und Beruf in der ehemaligen DDR für Frauen aber nicht in gleicher Weise elementar, wie das in der ehemaligen BRD der Fall war - und wie es jetzt für Frauen in beiden Teilen Deutschlands der Fall ist.

und Umschulung, sondern kann auch vorbereitende, orientierende und allgemeinbildende Inhalte umfassen. Darüber hinaus halte ich es für sinnvoll, in Maßnahmen der beruflichen Fortbildung oder Umschulung neben den beruflichen (fachlichen) auch allgemeine und politische Aspekte zu integrieren. Daß im Begriff Weiterbildung alle drei Ebenen präsent sind, ist schon mit dem Strukturplan des Deutschen Bildungsrates 1970, wo er als Überbegriff für berufliche, allgemeine und politische Bildung etabliert wurde, festgeschrieben worden.

Aufgrund der starken Präsenz von "Open Learning"-Angeboten im Vereinigten Königreich ist über die frauenbezogene Fragestellung hinaus zu fragen, ob bildungs- und beschäftigungspolitische Aspekte zu benennen sind, die die Einbeziehung solcher Lernsysteme insgesamt - für Frauen und Männer - begünstigen könnten. Auf dieser Grundlage kann herausgearbeitet werden, ob und wo es Ansatzpunkte für die Einbeziehung von "Open Learning"-Elementen in Deutschland gibt. In der Tat unterscheiden sich die Strukturen des britischen Bildungssystems, v.a. bei der beruflichen Aus- und Weiterbildung, stark von den Strukturen des deutschen Bildungssystems. Auffällig geringer Formalisierung (vor allem im Sinne einheitlicher Standards und institutionalisierter Qualifizierungspfade) im Vereinigten Königreich steht auffällig starke Formalisierung in Deutschland gegenüber. Nicht zuletzt aufgrund von Angleichungsprozessen und -zwängen im Zusammenhang mit dem Aufbau der Europäischen Union kommt es derzeit in beiden Ländern zu Kursrevisionen bzw. -diskussionen in der Bildungs- und Beschäftigungspolitik. So wird im Vereinigten Königreich - bildlich gesprochen - aktuell mit Nachdruck daran gearbeitet, die vielen einzelnen, wenig aufeinander abgestimmten und dezentral entwickelten "Bauteile" beruflicher Bildung so zu bearbeiten, daß sie sich mit weniger Mühe und Kompatibilitätsverlusten zu soliden Gebäuden, die aber individuell gestaltbar und ausbaubar sein sollen, zusammensetzen lassen. In Deutschland hingegen geht es - ebenfalls bildlich gesprochen - um die Frage, ob sich in der beruflichen Bildung die zentral geplanten Gebäude "aus einem Guß", auf deren Gestaltung das Individuum vergleichsweise wenig Einfluß nehmen kann, aufbauen lassen aus Bauteilen, die vermehrt flexible Ausbauformen und eigene Gestaltungsmöglichkeiten zulassen.

Aufbau und Methodik

Die Arbeit ist in drei Teile gegliedert, die insofern jeweils auch für sich stehen könnten, als sie sich auf die Darstellung bestimmter Aspekte des Themas konzentrieren. Diese Form wird meiner Ansicht nach am besten dem Unterfangen gerecht, Konzepte aus einem anderen Land, deren Kontext dargestellt werden muß, für die Nutzung in Deutschland zu diskutieren.

Der erste Teil dient zum einem der Klärung zentraler Begriffe der Arbeit. Zunächst wird eine Begriffsklärung zu "Open Learning" vorgenommen, um die Dimensionen dessen, was alles "offen" sein kann, abzustecken, um "offene" Lernsysteme zu umreißen und um die mir wichtig erscheinenden Elemente von "Open Learning" herauszuarbeiten. Außerdem werden vor diesem Hintergrund die Anforderungen benannt, die an Lernende gestellt sind. Ich benutze überwiegend den englischen Begriff "Open Learning", weil er im Vereinigten Königreich, anders als der deutsche Begriff "offenes Lernen" in der Bundesrepublik, in der Öffentlichkeit und in der Fachdiskussion sehr bekannt ist. Aufgrund der Unschärfen und Definitionserfordernisse, die mit dem Begriff verbunden sind, soll er in dieser Arbeit durchgängig in Anführungszeichen stehen.

Danach werden die Anforderungen an eine Bildungsarbeit mit Frauen dazu in Beziehung gesetzt. Es geht mir dabei vor allem um die Situation und den Bildungsbedarf/ die Bildungsbedürfnisse von Wiedereinsteigerinnen, d.h. Frauen, die nach einer Phase der Familienarbeit den Einstieg - es ist bis auf seltene Ausnahmen ein *Wieder*einstieg - in die Erwerbsarbeit suchen. Es stellt sich die Frage, ob „offene Lernsysteme für sie von Relevanz sein können und ob sie, soweit partiell vorhanden, bereits genutzt werden. Die aus diesen Betrachtungen resultierenden scheinbaren Widersprüche bieten einen Ausgangspunkt für die weitere Untersuchung.

Der zweite Teil der Arbeit widmet sich der Situation im Vereinigten Königreich. Dort fällt zunächst die öffentliche Präsenz von "Open Learning" auf; unter diesem Begriff firmierende Systeme scheinen auch für Frauen eine ernsthafte Alternative der Weiterbildung zu sein. Es werden beispielhaft einige Initiativen und Institutionen dargestellt, deren Aktivitäten ein solches Bild vermitteln. Das Unterstützungssystem für individualisiertes Lernen wird am Beispiel des Open Learning Center in Barry bei Cardiff/ Wales vorgestellt, um die Palette der begleitenden Angebote deutlich zu machen und mit Bezug auf Bedürfnisse von Frauen zu beleuchten. Die Beobachtungen werden schließlich in den Kontext des britischen Bildungs- und Beschäftigungssystems gestellt, dessen Strukturen einige förderliche Faktoren für indiviualisierte Lernsysteme aufzuweisen scheinen.

Der dritte Teil der Arbeit widmet sich der Auswertung der britischen Erfahrungen für die deutsche Praxis unter drei Aspekten:

1. Vor dem Hintergrund neuerer Forschungsarbeiten und Erfahrungen darüber, wie Frauen lernen, wird der Frage nach der Existenz einer "weiblichen Lernkultur" und ihrem Verhältnis zu individualisierten Lernformen nachgegangen.
2. Vor dem Hintergrund der Darstellung des Open Learning Centre in Barry wird die Bedeutung der Rahmenbedingungen (v.a. Organisation von Unterstützung, Entlastung, sozialen Kontakten) diskutiert.

3. Die Bedeutung bildungs- und beschäftigungspolitischer Vorgaben und ordnungspolitischer Umsetzungen, die Bedingungen für eine mehr oder weniger gute "Passung" von Lernsystemen mit "Open Learning" Elementen schaffen, wird herausgearbeitet. Hierzu werden auf der Grundlage der gefundenen begünstigenden Faktoren für die Relevanz "offener" Lernsysteme im britischen Bildungs- und Beschäftigungssystem Bedingungen in deutschen System von Bildung und Beschäftigung benannt, die möglicherweise hemmend wirken.

Am Ende werden Überlegungen zur Übertragbarkeit der britischen Ansätze auf deutsche Verhältnisse angestellt. Im Kontext des deutschen Bildungssystems und vor dem Hintergrund der Interessen und Bedürfnisse der Frauen werden Perspektiven für eine stärkere Öffnung und Flexibilisierung der Weiterbildung entwickelt. Dazu habe ich zum einen nach bestehenden, bislang gering genutzten Spielräumen in den bestehenden Strukturen des deutschen Bildungssystems und der Organisation von Weiterbildung gesucht. Zum anderen habe ich aktuelle Konzepte, die eine "Öffnung" des deutschen Systems beruflicher Bildung und eine "Öffnung" von Lernprozessen anstreben, vor dem Hintergrund der im Vereinigten Königreich gemachten Beobachtungen, mit eigenen konzeptionellen Überlegungen verbunden.

Methodisch ist die Arbeit weitgehend qualitativ ausgerichtet: sie stützt sich auf Literaturrecherchen, Expertinnengespräche und Erfahrungen aus der Beratungsarbeit mit Wiedereinsteigerinnen. Zur Darstellung der Situation und des Bildungsbedarfs von Wiedereinsteigerinnen wurden auch Ergebnisse aus neueren Repräsentativuntersuchungen (Engelbrech, Bujok) und die Ergebnisse der wissenschaftlichen Begleituntersuchungen zum bundesweiten Berufsrückkehrerinnen- Modellprojekt einbezogen. Die Darstellungen der Situation im Vereinigten Königreich stützen sich nicht allein auf Literatur, sondern wesentlich auf eigene Beobachtungen und auf eine Reihe von ExpertInnengesprächen, vor allem mit MitarbeiterInnen von Einrichtungen, die "Open Learning" Konzepte anbieten bzw. Menschen unterstützen, die sich über solche Lernsysteme weiterbilden. Die Gesprächsergebnisse wurden genutzt, um eigene Beobachtungen zu überprüfen und zu objektivieren. Quantitative Auswertungen zu Einzelaspekten wurden, soweit sinnvoll, einbezogen.

Zur Charakterisierung der Situation in Deutschland und im Vereinigten Königreich und zur Gegenüberstellung erschien es mit Blick auf die Fragestellung wenig sinnvoll, vorrangig unter quantitativen Gesichtspunkten vorzugehen. Dort, wo mir quantitative Auswertungen zur Verfügung standen, stieß ich auf ein Grundproblem der vergleichenden Bildungsforschung: die erhobenen Kategorien sind unterschiedliche bzw. es ist häufig unklar, ob die Bezugsgrößen sich inhaltlich entsprechen. Damit sind Daten oft nicht direkt gegenüberstellbar, so daß ein direkter Vergleich irreführende Scheinergebnisse liefern würde. Wo solche Probleme auftreten, werden sie geschildert, um den Hintergrund für meine Schlußfolgerungen deutlich zu machen. Generell gilt, daß strukturelle Gegebenheiten (im Bildungssystem, im Beschäftigungssystem) der beiden Vergleichsländer in ihrem jeweiligen Bezugssystem dargestellt und erklärt werden müssen, um daraus Einschätzungen für die Übertragbarkeit von Konzepten oder Elementen zu gewinnen. Die Strukturanalysen müssen mit Funktionsanalysen verknüpft sein, damit Ergebnisse zueinander in Relation gesetzt werden können.

Die Arbeit entstand im wesentlichen 1994. Wo sich bis zur Drucklegung Veränderungen ergeben haben bzw. wo aktuelleres Material vorlag, wurde es eingearbeitet.

TEIL I

PROBLEMAUFRIß:
"OPEN LEARNING" UND ANFORDERUNGEN AN DIE WEITERBILDUNG VON FRAUEN

Die Idee "Open Learning": Wurzeln, Merkmale und didaktische Implikationen

Der Begriff "Open Learning" und seine Wurzeln

Um den Begriff "Open Learning" herrscht in der wissenschaftlichen Theorie wohl ebensoviel Verwirrung wie in der erwachsenenbildnerischen Praxis. Ungeachtet seiner Unschärfe hat sich der Begriff in der Praxis, vor allem in der englisch-amerikanischen Praxis, durchgesetzt, wo er unter anderem durch die britische Open University, die in Teil II beschrieben wird, Popularität gewann. Es gibt inzwischen eine Fülle von vor allem seit Beginn der 80er Jahre entwickelten Konzepten, die von ihren Anbietern mit dem Begriff "Open Learning" verbunden werden. Diverse Veröffentlichungen beschäftigen sich mit der Zusammenstellung und Weiterentwicklung von Konzepten unter diesem Etikett.[1] Dennoch gilt heute im Prinzip mehr denn je, was Mackenzie, Postgate und Scupham 1975 in ihrer Veröffentlichung "Open Learning: Systems and problems in post-secondary education" feststellten, mit der sie dem Begriff in der erziehungswissenschaftlichen Diskussion Auftrieb verschafften:

> "Open Learning is an imprecise phrase to which a range of meanings can be, and is, attached. It eludes definition" (S.15)

Um größere Klarheit zu erlangen, scheint es sinnvoll, zunächst vom Begriff des Lernens auszugehen, um erst dann zu ergründen, was "Offenheit" in bezug auf Lernen meinen kann. Bei meinem Verständnis von Lernen beziehe ich mich auf Günther Dohmen, der mit seiner Definition der Einsicht in die Notwendigkeit eines lebenslangen Lernens Rechnung trägt und das Lernen selbst als aktiven Konstruktionsprozeß von Menschen begreift. Nach G. Dohmen ist menschliches Lernen umfassend zu verstehen

> "im Sinne der geistigen Verarbeitung und Deutung von Erfahrungen, Erlebnissen, Informationen und der Umstrukturierung von Auffassungs, Erwartungs- und Verhaltensdispositionen zur angemessenen Bewältigung von Situationsanforderungen"[2]

---

[1] Darstellungen einer breiten Palette solcher Konzepte finden sich bei Paine, Nigel (Hrsg),1988 oder bei Thorpe, Mary (Hrsg),1987.
[2] Dohmen, G., 1983:S.3.

Lernen ist so verstanden ein Grundverhalten des Menschen. Es umfaßt den Prozeß der Erlangung und Erweiterung der Kompetenz zur Bewältigung des Lebens weit über die Aneignung von Wissen hinaus.

Was kennzeichnet nun Lernen als "offenes" Lernen? Charles Wedemeyer nimmt folgende Umschreibung vor:

"Wenn wir das Adjektiv "offen" zur genauen Bestimmung des Lernens benutzen, so bezeichnen wir damit einen Lernprozeß, der sich - für jeden offen zugänglich - ohne Einengung oder Behinderung durch Barrieren vollzieht und der schließlich ein Kontinuum hinsichtlich des jederzeitigen Zugangs und der Möglichkeit des Lernens, wo und wann auch immer, bietet." [3]

In Wedemeyers Beschreibung wird eine der beiden wesentlichen Wurzeln deutlich, aus denen sich der Begriff speist. Aus dem Kontext gesellschaftlicher Umwälzungen seit den 60er Jahren wurden Emanzipationsforderungen in den Blick und die Diskussion gerückt. Es wurde Kritik geübt am starren, hierarchischen, autoritären Bildungssystem, das zudem ungleiche Chancen zementiert. "Offenheit" im Zusammenhang mit Lernen kann so z.B. die Funktion eines "Kampfbegriffes" zur Etablierung von Chancengleichheit und höherer SchülerInnen-Autonomie bekommen. Im Vereinigten Königreich hatte 1969 die in Teil II dargestellte Open University, im Kontext genau dieser Diskussionen aus der Taufe gehoben, ihre Arbeit aufgenommen.

Die Beschreibung von Wedemeyer läßt auch eine emotionale Komponente des Begriffes "Open Learning" aufscheinen: Autonomie und Eigenverantwortlichkeit der LernerIn, LernerInnen-Zentriertheit des Angebotes werden impliziert und von Wedemeyer auch an anderer Stelle betont. Ein neues Bild von der LernerIn als aktiver Person entsteht, und ein neues, gleichberechtigtes Verhältnis von Lernenden und Lehrenden werden gefordert. Lernen wird nicht mehr allein als Reaktion auf Lehren verstanden.

Der "jederzeitige Zugang" und die "Möglichkeit des Lernens" (siehe Zitat Wedemeyer) sind nicht ausschließlich unter dem Aspekt der Angleichung von Chancen zu sehen. Lebenslanges Lernen in allen Bereichen der persönlichen und beruflichen Praxis wird in einer komplexen Gesellschaft und vor dem Hintergrund der gewaltigen technischen Entwicklungen der letzten drei Jahrzehnte auch zu einer gesellschaftlichen und wirtschaftlichen Notwendigkeit. Dieser Aspekt wird beispielsweise von Mary Thorpe betont, die "Open Learning" als flexible Antwort auf gesellschaftliche Veränderungen preist.[4] Dies ist die andere Wurzel, aus der sich der Begriff "Open Learning" speist: die Diskussion um Aus- und Weiterbildungserfordernisse im Kontext technologischer Veränderungen, die lebenslanges und eigen-

---

[3] Wedemeyer, C.A., in Dohmen, G./ Wedemeyer, C.A. /Rebel, K. , 1976, S. 57.
[44] Thorpe, M.,1987, S. 3.

verantwortliches Lernen zu einer gesellschaftlichen und wirtschaftlichen Notwendigkeit machen. "Open Learning" ist ein Begriff, der auch in der betrieblichen Weiterbildung verwendet wird, um Lernsysteme zur flexiblen und raschen Vermittlung von Kenntnissen für sich wandelnde Anforderungen zu beschreiben.

Diese Nutzung des Begriffs wird von denjenigen für unzulässig gehalten, die den Fokus auf die hohe Autonomie und Eigenverantwortlichkeit der Lernenden (LernerInnen-Zentriertheit) legen und wirtschaftliche Notwendigkeiten nicht in jedem Punkt damit für vereinbar halten.[5] Kritische Stimmen argumentieren, daß der Begriff "Open Learning" wahllos und aufgrund unterschiedlicher, tendenziell logistischer Kriterien (z.B. Wahlfreiheit bei Lernort und Lernzeit) benutzt werde, während die hinter einem Lernsystem stehende Philosophie nicht mehr diskutiert werde.[6] Wird Befreiung und Selbstbestimmung des Menschen in den Mittelpunkt gestellt und Lernen als Mittel der persönlichen Entwicklung begriffen? Oder wird die Bewältigung gesellschaftlicher und technologischer Veränderungen unter dem Aspekt der wirtschaftlichen Prosperität in den Mittelpunkt gestellt und nach Lernformen gesucht, die eine bessere Ausschöpfung der Potentiale jedes einzelnen Menschen unter diesem Aspekt erlauben?

Ein Teil der Verwirrung entsteht somit dadurch, daß der Begriff "Open Learning" im Kontext einer Reihe von bildungs- und gesellschaftspolitischen Diskussionen um persönliche Emanzipation einerseits und gesellschaftlicher und wirtschaftlicher Erfordernisse andererseits entstand, in deren Folge er mit unterschiedlichen Konnotationen versehen verwendet wurde. Während die Bestimmung von Lernen als "offen" im einen Fall Verwirklichung individueller Chancen ausdrücken will, liegt der Fokus im anderen Fall auf gesellschaftlichen und mehr noch auf wirtschaftlichen Notwendigkeiten. Im einen Fall wird Lernen als neue Chance für alle, die sie nutzen wollen, im anderen als Anforderung an alle, als Anforderung, der sich niemand entziehen kann, definiert. Aus beiden Wurzeln ergibt sich als Prinzip das von permanentem, lebenslangen und stark eigenständigem, selbst zu organisierenden Lernen. In beiden Kontexten ist "Open Learning" abgegrenzt gegen übliches schulisches Lernen, bei dem Inhalte, Wege und Ziele vorgegeben und im Unterricht vermittelt werden. Es ist daher zwangsläufig individualisiertes Lernen.

Im Begriff "Open Learning" drückt sich demnach auch Kritik aus an einem Lernbegriff, der nur intentionales und in schulischen Institutionen organisiertes Lernen als Lernen auffaßt. Einige Konzepte von "Open Learning" versuchen, Fähigkeiten, Fertigkeiten und Kenntnisse anzuerkennen und einzubeziehen, die außerhalb von Bildungsinstitutionen erworben wurden (dies drückt sich beispielsweise in den Zugangsregelungen der Open University aus). Damit wird nicht-intentionales Ler-

---

[5] So Rumbel, G., Juni 1989.
[6] Siehe dazu Boot , R./ Hodgson, V.,1988 S. 202.

nen in Alltagssituationen und intentionales Lernen in Alltagssituationen, das jedoch nicht von Institutionen organisiert ist, aufgewertet.

In den meisten Fällen wird jedoch nicht auf Lernen direkt Bezug genommen, wenn von "Open Learning" die Rede ist, sondern auf Lern*systeme*. In Lernsystemen findet Lernen organisiert statt: Collegekurse, Studiengänge, Fernstudium, programmierte Computerkurse, etc. Es ist nicht das Lernen selbst, sondern es sind die Lernsysteme, die als "offen" deklariert werden, wenn nämlich Konzepte bzw. Institutionen flexible Zugangs- und Nutzungsbedingungen vorsehen und Wahl-/Entscheidungsfreiheiten eröffnen.

Nigel Paines Erläuterung scheint mir hilfreich: er bezeichnet "Open Learning" als eine allgemeine Theorie, die mittels "Open Learning Systems" praktisch umgesetzt werden müsse. Er bevorzuge daher die Bezeichnung "Open Learning Systems", wenn es um die praktische Gestaltung von Lernmöglichkeiten gehe.[7]

Dimensionen der Offenheit: Wann und wie sind Lernsysteme "offen"?

Die eingangs gestellte Frage nach der "Offenheit" des Lernens bezieht sich also auf der Ebene der praktischen Umsetzung von "Open Learning" auf die "Offenheit" von Lernsystemen für individuelle Bedürfnisse/ Erfordernisse von Lernenden. Hierbei lassen sich verschiedene Dimensionen der Offenheit unterscheiden. Greville Rumble benennt sie als Kriterien zur Interpretation von "Open Learning". Folgende Kriterien führt er zur Beurteilung von Lernsystemen auf:

- Zugang:
  offener Zugang zu Lernangeboten ohne Einschränkungen in den Aufnahmekriterien bezüglich Bildungsvoraussetzungen, Alter, beruflichem Status, beruflichen Vorerfahrungen, finanzieller Situation (Kostenfaktor)
- Zeitliche Gestaltung, Lernort und Lerntempo:
  Offenheit als Möglichkeit der Wahl des Einstiegszeitpunktes, der täglichen Lernzeiten, des Prüfungszeitpunktes, des Lernortes und damit verknüpft der Lernformen (allein oder gemeinsam mit anderen) sowie des Lerntempos
- Lernmittel:
  Offenheit als Möglichkeit der freien Wahl der verwendeten Lernmittel und genutzer Medien
- Lerninhalte und Prüfungen:
  Offenheit als Einflußmöglichkeit/ Entscheidung über die Festlegung der Lernziele und -inhalte, die Möglichkeit der Teilqualifikation, der Anerkennung anderweitig erworbener Kenntnisse und Fähigkeiten; Prüfungen sollten modul-

---

[7] Paine, N., 1982, S. 31.

bzw. kursbezogen stattfinden und eher Kompetenzen als den formalen Wissensstand prüfen.
* Unterstützung:
Offenheit durch Alternativen unterstützender Angebote, an verschiedenen Orten, unterschiedlich zeitlich zugänglich.[8]

Weniger differenziert werden die Dimensionen in praxisbezogenen Arbeitsbüchern wie etwa dem "Open Learning Pocket Workbook" benannt:

> "Open learning describes ways of helping individuals to take advantage of their own learning. Learners may for example choose: What they learn (content)/ how they learn (methods, media, routes)/ where they learn (place)/ when they learn (time) how quickly they learn (pace)/ who to turn to for help/ whether, when, where to have their learning assessed."[9]

"Open Learning" kann also in der praktischen Gestaltung sehr unterschiedliche Dimensionen meinen. Ein mit dem Etikett "Open Learning" versehenes Angebot kann sich auf eine oder auf mehrere Dimensionen beziehen, indem z.B. ein Angebot im Fernunterricht erlaubt, selbst zu entscheiden, wann und wo die Einheiten durchgearbeitet werden, aber der Einstiegszeitpunkt etwa von der anbietenden Institution festgelegt wird.

"Offen" steht im Kontrast zu "geschlossen", was vollständig reglementierte Bedingungen des Zugangs, der Lernorganisation und der Wahl von Lernzielen und -inhalten meint. Doch die Dichotomie "offen-geschlossen" ist nicht aussagekräftig genug. Roger Lewis charakterisiert Offenheit und Geschlossenheit als Pole in einem Kontinuum. Für ihn bedeutet größere Offenheit eine größere Möglichkeit der Wahl. Die Wahl ist bezogen auf verschiedene Aspekte des Lernens, für die jeweils definiert ist, was "offen" und was "geschlossen" bedeutet. Diese Möglichkeit der Wahl ist relativ und irgendwo im Kontinuum anzusiedeln:"offen" würde absolut freie Wahl bedeuten, "geschlossen" würde das völlige Fehlen einer Wahlmöglichkeit bedeuten, dazwischen sind die Aspekte mehr oder weniger "offen".[10] Ein etwas differenzierteres Kontinuum entwickelte Reischmann 1988, indem er Lernaspekte in Unteraspekte zerlegte und jeweils definierte, was "Offenheit" und was "Geschlossenheit" für jeden Lernaspekt meint.[11] Dieses Kontinuum schlug er als "Checkliste für Offenes Lernen" vor. Beide Kontinuen befinden sich im Anhang (Seite 142 ff).

---

[8] Nach Rumbel, G. 1989 , S 29/30.
[9] Lewis, R./ Mc Donald, L., 1988.
[10] Nach Lewis, R., 1986, S. 5.
[11] Reischmann, J.,1988, S. 64.

Je höher der Gestaltungsspielraum der Lernenden ist, desto stärker müssen Bildungsmaßnahmen in individualisierten Formen stattfinden: individuelle Bedürfnisse entscheiden über Lernziele, -inhalte und die Lernorganisation. Obwohl theoretisch vielleicht auch andere Konzepte, z.b. Nahunterricht in Teilzeitform, unter den Begriff "Open Learning" gefaßt werden könnten, geht es in der Praxis fast immer um Konzepte individualisierten, mediengestützten Lernens. Je weiter individualisiert Lernprozesse angelegt sind, desto stärker sind sie tendenziell auf die Stützung durch Medien angewiesen. Neben schriftlichen Medien, Kassetten und Videos spielen dabei zunehmend und mit fortschreitender Technisierung moderne Kommunikationssysteme über EDV eine Rolle.

"Open Learning" und Fernunterricht/ Fernstudium

Traditionelle individualisierte Lernsysteme sind Fernunterricht und -studium. In der Praxis werden die Begriffe "Open Learning" und "Distance Learning" zum Teil synonym benutzt. So wird im britischen Education Factbook von 1986 "Open Learning" als (ein) Lernsystem beschrieben, das auf Flexibilität, hoher TeilnehmerInnen-Beteiligung und der Nutzung von Fernunterrichtsmethoden basiere. "Open Learning" und Fernunterricht seien daher fast synonym geworden.[12] In einem EG Memorandum von 1991 werden "Open Learning" und "Distance Learning" einfach zu "Open Distance Learning" verschmolzen.[13] Tatsächlich sind die Begriffe nicht synonym, doch gibt es eine enge Affinität. Charles Wedemeyer spricht von einer symbiotischen Beziehung.[14]

Fernunterricht und - studium, englisch "distance education",[15] bezeichnen Lernformen im Dialog. Es geht also um Zweiwegkommunikation, wobei diese zwischen der lernenden Person und dem Fernlehrinstitut mittels "künstlicher Signalträger" (z.B. Brief) und auf der Grundlage eines von einer "helfenden Organisation" (z.B. Fernlehrinstitut) geplanten Kurses vonstatten geht.[16] Zum Teil sind die Kurse im Fernunterricht/-studium durch Nahunterrichtsphasen ergänzt. Setzt man die vorne diskutierten Dimensionen "offenen" Lernens dazu ins Verhältnis, so ist festzustellen, daß Fernunterricht/ -studium in verschiedenen Aspekten "offen" ist: z.B. kann die lernende Person Ort, Zeit und die Lerngeschwindigkeit frei wählen, kann entscheiden, ob sie telefonisch Hilfe durch die den Kurs anbietende Institution nachfra-

---

12 Pates, A. u.a., 1986, S. 154.
13 Memorandum "Open Distance Learning" der EG-Kommission vom November 1991.
14 Wedemeyer, Charles A. 1989 S. 117.
15 Anders als im Deutschen existiert im Englischen auch noch der Begriff "Correspondence Education" für reine Briefkurse. Ich subsumiere diesen Begriff unter "Distance Education".
16 Zitiert nach Delling, R. M., 1991.

gen will. Andererseits nutzen Konzepte, die unter dem Stichwort "Open Learning" firmieren, Methoden des Fernunterrichts/-studium, um an individuelle Lernanforderungen angekoppelt flexible Lernmöglichkeiten zu bieten: indem sie Medien- und Lernpakete anbieten, von einer "helfenden Organisation" erstellt. Diese Lernmaterialien, im englischen als "Open Learning Packages" bezeichnet, können wie beim Fernunterricht/-studium, betreut sein (Lernbetreuung, Korrektur, Kontrolle) und sind es auch häufig. Hier wird lediglich eine andere Bezeichnung für das Gleiche benutzt. Es kann sich bei "Open Learning Packages" allerdings auch um reine Selbstlernmaterialien handeln, die ohne Rückkoppelung an die Institution, die sie erstellt hat, durchgearbeitet werden. Teilweise werden solche Materialien auch als "self-access-materials", also "selbstschließende Materialien" bezeichnet. Schließlich kann bei "Open Learning" die Bearbeitung der Materialien von anderen als den Organisationen betreut werden, die sie erstellt haben und vertreiben. Bei den Materialien kann es sich um schriftliche Materialien handeln, oft werden jedoch noch andere Medien eingesetzt, z.B. Tonkassetten (Sprachunterricht), Videokassetten (zur Demonstration und Visualisierung von Inhalten) oder Lernprogramme für PC-Anwendungen. Dabei muß "Open Learning" nicht notwendig auf Distanz basieren, sondern kann als individualisiertes Lernen in Lernzentren, die als "Lernbasen" dienen, ablaufen. Dieser Punkt wird in Teil II ausgeführt.

Bedeutsam erscheint mir der unterschiedliche Fokus der beiden Begriffe. Während der Begriff "Distance Learning" auf die Lernmittel abhebt (Lernen mittels die Distanz überbrückender Medien), hebt der Begriff "Open Learning" auf die Wahlfreiheit der Lernenden bezüglich verschiedener Aspekte des Lernens ab.

Aufgrund des bestehenden Zusammenhanges wird Fernunterricht/- studium auch häufig unter dem Oberbegriff "Open Learning" subsumiert. Dies kann zu Unschärfen führen, da Fernunterricht und -studium, abgesehen von "offenen" Elementen, wie etwa der freien Zeiteinteilung und Lernorganisation und der freien Wahl des Lernortes, auch sehr "geschlossene" Elemente aufweisen können, nämlich zum Beispiel geringe eigene Wahlmöglichkeiten bei starren Zugangsvoraussetzungen, starrer Taktung der Lerneinheiten o.ä. Dennoch möchte ich mich der Sichtweise Nigel Paines anschließen, der vorsichtig von "potential open learning systems" spricht und dann Fernunterricht als eines der bekanntesten bezeichnet.[17]

Ich möchte mich, wenn ich von "Open Learning" spreche, auf Konzepte und Lernsysteme konzentrieren, die in hohem Maß eine autonome Gestaltung des Lernens und die selbständige Erarbeitung von Inhalten außerhalb regulärer fortlaufender Nahunterrichtsangebote in festen (Klassen)Verbänden erfordern. Es geht mir um tendenziell individualiertes und mediengestütztes Lernen. Mein besonderes Interesse gilt dem Lernen mittels Fernkursen und dem Lernen mittels reinen Selbstlernmaterialien.

---

[17] Paine, N., 1982, S. 31.

Ich verwende den Begriff "Open Learning" trotz der Unschärfe weiter, weil er im Vereinigten Königreich für die geschilderten und von mir vor allem in den Blick genommenen Konzepte/ Lernsysteme sehr populär ist. Es scheint auch keine eindeutigere Alternative zu geben: Wedemeyers Begriffe des "nichttraditionellen Lernens", oder näher an den von mir ausgewählten Lernsystemen: "angeleitetes Selbststudium", sind ebenfalls mißverständlich und müssen in gleicher Weise ausführlich aufgeschlüsselt werden.[18]

Vorzüge für Lernende versus erhöhte Anforderungen

Die Vorzüge von "Open Learning" in der oben eingegrenzten Form auf individualisierte und mediengestützte Konzepte und Systeme sind teils bereits benannt und sollen hier nur zusammenfassend aufgelistet werden:
Bildungsangebote können unabhängig von Terminvorgaben dann genutzt werden, wenn der Bildungsbedarf und/oder ein Lernbedürfnis entstehen. Sie können auch unabhängig von räumlichen Vorgaben genutzt werden. Lernen kann so organisiert werden, daß es in den sonstigen Lebenszusammenhang paßt, v.a. bezüglich der zeitlichen Planung und bezüglich der Aufnahmefähigkeit. Es kann dann stattfinden, wenn es sich mit anderen Anforderungen vereinbaren läßt und in der Geschwindigkeit voranschreiten, die den individuellen Bedürfnissen und Fähigkeiten entspricht. Wenn vorwiegend zuhause gelernt wird, entfallen Wegzeiten und Fahrtkosten.

"Open Learning" ist insofern LernerInnen-zentriert und entspricht dem Ideal hoher Entscheidungsfreiheit des Individuums. Je offener jedoch die Lernsituation, desto individualisierter spielt sich Lernen ab. Die tendenziell isolierte Lernsituation, die mit individualisiertem Lernen in Verbindung gebracht wird, z.B. beim Fernstudium, im Fernkurs und in der Arbeit mit reinen Selbstlernmaterialien, wird oft problematisiert.[19] Im Mittelpunkt der Kritik steht, daß kognitive gegenüber affektiven Momenten des Lernens überbetont sind, daß persönliche Kommunikation als Katalysator für Lernprozesse ausfällt und daß soziales Lernen nicht stattfinden kann, über das soziale Kompetenzen ausgebildet werden.

Obwohl das Lernen alleine Zuhause auch bewußt gegenüber Lernen in der Gruppe bevorzugt werden kann, scheinen doch für viele StudentInnen soziale Kontakte bzw. die Möglichkeit, sich persönliche Unterstützung und Anregung durch andere zu holen, von großer Bedeutung zu sein. Einige Fernlehrinstitute nehmen die durch Isolation beim Lernen entstehenden Probleme ernst genug, um auch dann zusätzlichen Nahunterricht anzubieten, wenn er nicht aus för-

---

[18] Begriffe vorgeschlagen in Wedemeyer, Charles A., 1989.
[19] Daß individualisiertes Lernen nicht unbedingt identisch sein muß mit isoliertem Lernen wird in Teil II ausgeführt.

derungstechnischen Gründen vorgeschrieben ist. Die Bedeutung dieser, auch Sozialphasen genannten, Anteile wird unterschiedlich bewertet.[20]

Anforderungen an Selbst-Steuerung und Autonomie

Die Aneignung und Verarbeitung von Lerninhalten mittels Fernlehr- oder Selbstlernmateialien erfordert , so wird immer wieder betont, ein hohes Maß an Motivation, Stehvermögen, Selbstkontrolle und die ausgeprägte Fähigkeit zu eigenständigem Handeln.[21] Die Fähigkeit zu selbstgesteuertem Lernen wird in Zusammenhang mit einem hohen Grad an Autonomie bei der lernenden Person gebracht. Die Bestimmung des individuellen Autonomiegrades, bezieht sich zunächst auf die Planung, Gestaltung und Evaluation der Lernprozesse.[22] Denn wenn das Lernen als aktiver Konstruktionspozeß von Menschen begriffen wird, dann gibt es bei jedem Lernen, auch wenn es auf Planung und Gestaltung durch andere basiert, autonome Anteile: die subjektive Verarbeitung muß immer als autonomer Prozeß begriffen werden.

Manfred Prenzel schlägt unter Rückgriff auf ein Modell von H.F. Friedrich und H. Mandl vor, zur Autonomiebestimmung drei Ebenen einzubeziehen:[23]

1) Lernorganisation (d.h. alle das Lernen begleitenden Prozesse und vorausgehenden Entscheidungen über Zeitpunkt, Ort, Ressourcen etc.)
2) Lernkoordination (Schaffung von Freiraum für Lernaktivität, Abschirmen anderer Forderungen)
3) Bestimmung der Lernziele

Von außen erscheint jemand umso autonomer, je stärker diese Ebenen selbst gestaltet werden. Als höchste Form der Autonomie gilt das autodidaktische Lernen, bei dem die Lernenden selbst Lehrfunktion für sich zu übernehmen in der Lage sind. Über die Vermittlung von Lerntechniken und Informationen über Materialien und Zugänge zu Materialien soll möglichst hohe Autonomie beim Lernen gefördert werden.

Um Autonomie tatsächlich zu bestimmen, muß nach Prenzel jedoch außer dem technischen Aspekt der von anderen Personen unabhängigen Gestaltung von Lernen

---

[20] Teile des Disputs zwischen Fachleuten aus dem Fernunterricht/-studium darüber, ob solche Sozialphasen notwendig seien oder ob sie der Idee des selbstgesteuerten, "unabhängigen" Lernens zuwiderlaufen, sind nachzulesen bei Plickat, H.H., 1980, S.45 ff.
[21] Siehe z.B. Peters, O., 1992.
[22] Siehe auch Brookfield, S.D., 1986, S. 40 ff; er diskutiert Definitionen verschiedener Autoren, z.B. Knowles, Tought und Moore, die diese Faktoren zur Bestimmung des Autonomiegrades benennen.
[23] Prenzel, M.,1993, S. 239-253.

auch der Aspekt der erlebten Autonomie einbezogen sein. Wie stark Autonomie erlebt wird, hängt nach Prenzel eng mit der Art der Motivation zusammen. Er geht davon aus, daß Autonomie umso stärker erlebt werden kann, je stärker sich eine Person mit Lernerfordernissen identifiziert. Daraus folgt für die Ebene der Lernziele, daß jemand sich umso autonomer erlebt, je eher hinter den Lernzielen ureigene Interessen stehen (intrinsische Motivation) oder Anforderungen von außen zu eigenen Interessen umgesetzt sind. In der Lernkoordination kann sich eine Person umso autonomer erleben, je mehr Spielräume sie hat, ihr Lernvorhaben mit anderen Anforderungen abzustimmen. Die Hausfrau, die scheinbar völlig frei in der Zeitgestaltung ist, erlebt sich subjektiv vielleicht keinesfalls als autonom, wenn sie alleinige Ansprechpartnerin für die wenig planbaren Bedürfnisse ihrer Kinder ist. Beim Erleben der Autonomie in der Lernorganisation schließlich spielt eine Rolle, wie frei über Methoden, Materialien, Sozialformen etc. entschieden werden konnte und wie sie individuell in Relation zu den Lernzielen gebracht werden können. Autonomie könnte sich somit also auch in der Entscheidung zu Lernformen mit einem höheren Unterstützungs- oder Kommunikationsgrad und mit einer stärkeren Strukturierung ausdrücken.

Es ist allerdings, vor allem in der Fernunterrichtsforschung, sehr verbreitet, die Fähigkeit zu von anderen Personen unabhängigem Lernen mit höherer Autonomie zu identifizieren: In Anlehnung an die Feldtheorie von Lewin hatte Witkin 1949/50 Untersuchungen über Lerntypen durchgeführt und dabei, entsprechend unterschiedlichen kognitiven Lernstilen, feldabhängige und feldunabhängige Lernende unterschieden. Feldunabhängig Lernende bezeichnete er als analytisch, sozial unabhängig, individualistisch, und selbst-motiviert. Sie versuchten, Probleme ohne Beistand zu lösen, indem sie sie in Teilaspekte zerlegten, die sie einzeln durchgingen. Feldabhängige LernerInnen dagegen versuchten eine Situation als Ganzes zu sehen, Probleme als Ganzes anzugehen, bezögen den Kontext der Dinge ein, brauchten Bestätigung und Anreiz durch andere (von außen).[24] Wedemeyer, der sich darauf bezog, berichtete von Untersuchungen mit FernstudentInnen, die zu bestätigen schienen, daß feldunabhängig Lernende besser mit den Anforderungen im Fernstudium umgehen können.[25] Die Koppelung von selbstgesteuertem bzw. autonomem Lernen an eine möglichst hohe Feldunabhängigkeit wird in neueren Untersuchungen angezweifelt. Brookfield kommt in seinen Untersuchungen mit erfolgreichen FernstudentInnen zu dem Schluß, daß die Einbeziehung sozialer Lernsituationen bzw. sozialer Kontakte beim Lernen für diese Personen eine herausragende Bedeutung für ihren Erfolg hatten.[26]

---

[24] Zitiert nach Brookfield, S.D., 1986, S. 40 ff.
[25] Zitiert in Wedemeyer, Charles A., 1989, S. 107; Wedemeyer bezieht sich dort Studien von M. Moore ein.
[26] Siehe Brookfield, S. D., 1986, Kapitel 3, S. 43.

Tatächlich hat die Fähigkeit, im technischen Sinne autonom (= unabhängig von anderen Personen) lernen zu können, Vorteile: kognitives Wissen läßt sich damit unabhängiger von äußeren Bedingungen aneignen. Sie scheint mir allerdings große Nachteile zu bergen, wenn es um soziale Kompetenzen geht. Daher halte ich die Idealisierung des - im technischen Sinn - autonomen Lernens für sehr problematisch.

Wenn ich den Begriff autonomes Lernen für individualisiertes Lernen benutze, meine ich damit, daß in starkem Maße eigene Verantwortung für das Lernen übernommen wird. Eine Frau, die sich für einen Fernlehrgang entscheidet, muß selbst sicherstellen, daß sie andere Anforderungen zurückstellen kann, muß einen Zeitplan erstellen und sich ohne den Rahmen einer Unterrichtsstunde zum Lernen hinsetzen und Ergebnisse vorlegen. Bei der Arbeit mit reinen Selbstlernprogrammen, z.B. PC-Lernprogrammen, fällt auch die Korrektur und die Bestätigung durch außenstehende Personen weg. Autonomes Lernen meint nicht, daß alles völlig in eigener Regie von der Lernenden übernommen werden muß. Es kann auch bedeuten, sich entsprechende Bedingungen zu schaffen (z.B. AnsprechpartnerInnen für Notfälle oder Rückfragen suchen, Lerngemeinschaften bilden etc.).

Der weibliche Lebenszusammenhang im Kontext geschlechtsspezifischer Arbeitsteilung als Rahmen für Anforderungen an die Weiterbildung

Für die beruflich orientierte Bildungsarbeit mit Frauen ist eine Analyse der für Männer und Frauen unterschiedlichen Lebens- und Erwerbsbedingungen in unserer Gesellschaft (bzw.: in modernen Industriegesellschaften) unerläßlich.

Lebens- und Berufsbiografien von Frauen unterscheiden sich sehr stark von denen der Männer: Männern und Frauen werden gesellschaftlich unterschiedliche Arbeitsbereiche zugewiesen, und sie entwickeln unterschiedliche Lebensplanungen. Es gibt eine Arbeitsteilung zwischen beruflicher und familiärer Arbeit, die geschlechtsspezifisch verläuft, indem sie Männern idealtypisch die Erwerbsarbeit (Produktionsarbeit) und Frauen idealtypisch die Familienarbeit (Reproduktionsarbeit) zuweist. Dabei gibt es eine Hierarchie der Lebensbereiche, die zur Hierarchisierung der Geschlechterbeziehung beiträgt. Die Erwerbsarbeit als öffentlicher und bezahlter Bereich bestimmt Macht und Status in der Gesellschaft. Sie genießt höhere gesellschaftliche Wertschätzung als Familienarbeit, die als privat gilt und nicht bezahlt ist.

Das Prinzip der geschlechtsspezifischen Zuweisung von Arbeitsbereichen, das sich mit der Industrialisierung herausbildete, prägt die Lebenschancen von Männern und Frauen - auch dann, wenn diese individuell von der gesellschaftlichen Norm abweichende Lebensplanungen vornehmen: die Umsetzung des Prinzips geht einher mit einem geschlechtsgeteilten Arbeitsmarkt, mit "Männer-" und "Frauenberufen" mit starkem Gefälle bei Status, Verdienst etc. und mit geringeren Aufstiegs- und Verdienstchancen von Frauen.

Zu allen Zeiten seit der Industrialisierung war es vielen Frauen aus ökonomischen Gründen gar nicht möglich, sich ausschließlich der Familie zu widmen: sie mußten Geld verdienen bzw. "dazuverdienen". In den letzten drei Jahrzehnten haben sich gesellschaftliche Veränderungen Bahn gebrochen, die die Dringlichkeit eigenständiger Existenzsicherung für Frauen erneut deutlich machen: die Ehe ist weniger denn je eine Versorgungseinrichtung, die Häufigkeit von Trennung und Scheidung nimmt zu. Die Selbstverständlichkeit, mit der Erwerbstätigkeit heute für Frauen dazugehört, geht auch einher mit der geringeren Kinderzahl, dem gestiegenen Bildungsniveau der Frauen und dem stärkeren Wunsch von Frauen nach gesellschaftlicher Teilhabe. Frauen haben eine doppelte Orientierung entwickelt, indem sie heute Familie und Beruf einen gleich hohen Stellenwert in ihrer Lebensplanung einräumen.[27] In diesem Zusammenhang ist von der "doppelten Vergesellschaftung" von Frauen die Rede.[28] Dem steht kein entsprechend gewachsenes Engagement von Männern in der Familie gegenüber. Männer sind weitgehend der alten Arbeitsteilung verhaftet: sie konzentrieren sich mit großer Ausschließlichkeit auf die Erwerbsarbeit.

Die Wirksamkeit des oben angeführten Prinzips der geschlechtsspezifischen Zuweisung von Arbeitsbereichen wird durch die starke Erwerbsorientierung der Frauen zwar abgeschwächt, aber noch lange nicht aufgehoben. Dies zeigt sich an drei Phänomen:[29]

Zum ersten zeigt es sich im *Berufswahlspektrum* der Frauen; dieses ist auf wenige, oft sogenannte "frauentypische" Berufe beschränkt. Inwieweit dafür weniger der Wunsch als die fehlende Wahlmöglichkeit verantwortlich ist, soll hier nicht diskutiert werden.[30] Wichtig erscheint mir dabei, daß viele dieser Berufe es aufgrund des niedrigen Einkommens kaum ermöglichen, eine Familie zu unterhalten. Im Falle von Trennung und Scheidung wird daher oft eine berufliche Umorientierung für die Frauen existenziell notwendig. Dies wird später noch einmal aufgegriffen werden.

Zum zweiten zeigt es sich am Beispiel der *Teilzeitarbeit*. Teilzeitarbeit ist fast durchgängig ein Phänomen der Frauenerwerbsarbeit: nach Schiersmann sind 98% der Teilzeitarbeitenden Frauen.[31] Neuere Untersuchungen belegen, daß verheiratete Frauen mit Kindern die überwiegende Mehrzahl bei den sozialversicherungspflichtig beschäftigten Teilzeitkräften stellen.[32] Frauen, die Teilzeit arbeiten, um Beruf und Familie besser zu verbinden, nehmen sehr häufig berufliche Verschlechterungen in Kauf. Dies gilt fast ohne Ausnahme bei den sogenannten geringfügigen Beschäftigungsverhältnissen unterhalb der Sozialversicherungsgrenze, aber meist auch dann, wenn eine sozialversicherungspflichtige Teilzeittätigkeit angenommen wird.[33] Die Organisationstruktur der Erwerbsarbeit schließt kontinuierliche, verantwortliche Übernahme von Familienarbeit weitgehend aus: Sie verlangt von der Reproduktionsarbeit entlastete, in Vollzeit zur Verfügung stehende MitarbeiterIn-

---

[27] Schiersmann, C. 1993 , S. 27: sie beruft sich außerdem auf übereinstimmende Untersuchungsergebnisse bei Baethge u.a. 1988 und Erler u.a. 1988 , die dies bestätigen.

[28] Der Begriff wurde von R. Becker Schmidt 1987 geprägt, zitiert in Schiermann,C., 1993, S. 27.

[29] Diese Phänomene sind im Folgenden für Deutschland beschrieben, aber im Vereinigten Königreich genauso zu beobachten und dokumentiert, z.B. in Kommission der Europäischen Gemeinschaften, 1992, S.74ff.

[30] Siehe Schiermann, 1993 a), S. 72. Die Autorin faßt auch Forschungsergebnisse der letzten Jahre zusammen, die verdeutlichen, daß das Berufswunsch- Spektrum von Mädchen sehr viel breiter ist, als sich das in der konkreten Berufwahl niederschlägt.

[31] Angabe nach Schiersmann, C., 1993,a) S. 91

[32] Siehe Schiersmann , C., 1993 a), S. 92.

[33] Vergleiche Schiersmann, C., 1993, a) S.93 ff.

nen. Nur mühsam läßt sich das Vorurteil ausräumen, daß qualifizierte Berufstätigkeit nicht in Teilzeit zu organisieren sei.

Das dritte Phänomen ist das der zeitweiligen *Berufsunterbrechung* aus familiären Gründen. Vom alten Drei-Phasen-Modell,[34] das für die Lebensplanung von Frauen nach einer ersten Phase der Erwerbstätigkeit eine relativ lange Familienphase, die danach von einer erneuten Erwerbsphase abgelöst wird, behauptete, sind wir zwar weit entfernt. Doch steigen nach wie vor sehr viele Frauen zumindest zeitweise aus der Erwerbsarbeit aus, wenn sie Kinder bekommen. Dies nicht nur im Zeitrahmen des gesetzlichen Erziehungsurlaubes, der fast ausschließlich von Frauen in Anspruch genommen wird, sondern darüber hinaus. Engelbrech stellte in seiner 1989 durchgeführten repräsentativen Erhebung und nachfolgenden Befragung fest, daß jede zweite zu diesem Zeitpunkt erwerbstätige Frau ihre Berufstätigkeit mindestens einmal unterbrochen hat (Bezugsgruppe waren alle Frauen im erwerbsfähigen Alter, ungeachtet von Familienstand und der Existenz eigener Kinder). Engelbrech geht aufgrund der Ergebnisse der Untersuchungen davon aus, daß die Erwerbsunterbrechungen überwiegend familienbedingt waren. Es läßt sich vermuten, daß diese Unterbrechungen nicht immer ganz freiwillig sind, da u.a. der Mangel an öffentlichen Kinderbetreuungsangeboten und die Organisation von Kindergarten und Schule oftmals keine Alternative ermöglichen.[35] Untersuchungen zu Rückkehrmotiven zeigen, daß wirtschaftliche Gründe eine große Rolle spielen, aber selten die alleinigen Gründe sind. Zentral scheint, daß die ausschließliche Konzentration auf Haushalt und Kinder als zu unbefriedigend empfunden wird.[36] Engelbrechs Untersuchungen deuten darauf hin, daß Weiterbildung beim Wiedereinstieg nach einer Familienphase eine unterstützende Funktion haben kann: 3/4 der von ihm befragten arbeitsuchenden Unterbrecherinnen und 7 von 10 von "erfolgreich" wieder eingegliederten Frauen aus der Befragungsgruppe bezeichneten Weiterbildung als hilfreich für den Wiedereinstieg.[37] Eine Reihe von Bildungskonzepten bezieht sich inzwischen auf diese Gruppe.

Ich möchte bei meiner Frage, ob "Open Learning"- Elemente für die beruflich orientierte Bildungsarbeit mit Frauen von Interesse und nutzbar sind, vor allem die Gruppe der Frauen in den Blick nehmen, die nach einer familienbedingten Berufsunterbrechung (Übernahme von Hausarbeit, Betreuung von Kindern, Pflege von Angehörigen) wieder erwerbstätig werden wollen oder müssen. Diese Frauen, die hier

---

[34] Das Modell der nacheinander ablaufenden drei Phasen wurde von Myrdal, A. und Klein, V., 1971 beschrieben und danach, obwohl umstritten, immer wieder zur Erklärung der weiblichen Erwerbsbiografie verwendet.

[35] Die Öffnungszeiten der Kindergärten - i.d.R. 8-12 und 14-16 Uhr - ermöglichen kaum eine geregelte Teilzeittätigkeit; während der Grundschulzeit sind die Zeiten des Schulbesuchs unregelmäßig und meist ausschließlich über den Vormittag verteilt.

[36] Siehe Bujok, E., 1988, S. 39 ff.

[37] Engelbrech, G., 1987.

mit dem Begriff Wiedereinsteigerinnen bezeichnet werden sollen, sind in den letzten Jahren nicht ohne Grund in den Mittelpunkt offizieller Frauenpolitik gerückt. In ihrer Situation und in ihren Bedürfnissen drücken sich Probleme und Fragestellungen, die auch andere Frauen aufgrund der herrschenden geschlechtspezifischen Arbeitsteilung in der Gesellschaft betreffen, besonders deutlich aus. Entlang ihrer Situation und entlang ihrer Bedürfnisse lassen sich daher Anforderungen an eine beruflich orientierte Bildungsarbeit mit Frauen ableiten, ohne daß die Ergebnisse auf diese Gruppe von Frauen beschränkt sind. Ich werde im Folgenden versuchen, diese Frauen und ihr Weiterbildungsinteresse näher zu beschreiben.

Zur Situation sogenannter Wiedereinsteigerinnen

Obwohl davon auszugehen ist, daß es sich bei den Wiedereinsteigerinnen nach einer familienbedingten Erwerbsunterbrechung um eine große Gruppe handelt, gibt es weder exakte Zahlen, noch eindeutige Definitionen, noch sind die Frauen als Personengruppe statistisch erfaßt. Daten aus Forschungsarbeiten des Institut für Arbeitsmarkt- und Berufsforschung der Bundesanstalt für Arbeit in Nürnberg beziehen sich erstens auf Frauen, die nach einer Erwerbsunterbrechung wieder eingestiegen *sind*: jährlich 320000 in den Jahren 1981-85 (Engelbrech 1989) und zweitens auf Hochrechnungen aus einer Stichprobenbefragung von 1986, wonach 2,3 Millionen aktuell nicht erwerbstätiger Frauen "sicher" oder "vielleicht" wieder erwerbstätig werden wollen.[38] Mit diesen Zahlen sind allerdings auch Frauen erfaßt, die nicht aus familienbedingten Gründen ausgestiegen sind, sondern zum Beispiel arbeitslos wurden. Entsprechend wenig war damit noch 1989 über die reale Situation dieser Frauen und über ihre Weiterbildungsbedürfnisse und -bedarfe bekannt.

Erkenntnisse sollte der Modellversuch des Bundesministeriums für Frauen und Jugend "Beratungsangebote und -einrichtungen für Berufsrückkehrerinnen", im Folgenden kurz Modellversuch genannt, liefern. Er lief von Juni 1989 bis Mai 1994 und richtete sich gezielt an die Gruppe der Frauen, die aus familienbedingten Gründen ihre Erwerbstätigkeit aufgegeben hatten und eine solche zukünftig wieder anstrebten. Den Frauen sollte Hilfe beim Wiedereinstieg vor allem durch Beratung und Information angeboten werden. Die geförderten Beratungsstellen hatten außerdem den Auftrag, auf die Verbesserung der strukturellen Bedingungen im Zusammenhang mit dem Wiedereinstieg hinzuwirken (z.B. Anregung von relevanten und frauengerechten Bildungsangeboten, Lobbyarbeit gegenüber Betrieben etc.). Es

---

[38] Engelbrech 1987 S, 187. Die Veröffentlichung aktueller Berechnungen zur Berufsrückkehr aus einer Erhebung 1995 lag im November 1996 noch nicht vor. Es ist damit zu rechnen, daß sich durch die wirtschaftliche Krise und die Verlängerung des Erziehungsurlaubes die tatsächlichen Rückkehrzahlen vermindert haben.

wurden insgesamt 17 Beratungsstellen, auf alle Bundesländer der alten Bundesrepublik verteilt, gefördert.
Der Modellversuch wurde durch das Sozialforschungsinstitut Infratest München wissenschaftlich begleitet. Die in den Beratungsstellen erhobenen und von Infratest ausgewerteten Daten möchte ich zum Teil verwenden, um Äußerungen zur Situation der Wiedereinsteigerinnen zu machen. Diese Daten beschreiben natürlich zunächst die Situation der Frauen, die von sich aus in die Beratungsstellen kamen. Doch lassen sie Rückschlüsse auf Situation, Probleme und Weiterbildungsbedarfe von Wiedereinsteigerinnen generell zu, indem sie deutliche Tendenzen aufzeigen. Das liegt nicht zuletzt an den Modalitäten des Modellversuchs: die Beratungsstellen waren in ländlichen Regionen, in Klein- und Mittelstädten sowie in Großstädten angesiedelt, sie waren in unterschiedlicher Trägerschaft (Frauenprojekte, Bildungsträger, Beschäftigungsgesellschaften, Industrie- und Handelskammer, Kommune, kirchliche Einrichtungen), sie sprachen aufgrund ihrer Ansiedlung und Trägereinbindung unterschiedliche Personengruppen an (z.B. Projekte in sozialen Brennpunkten, die überwiegend mit gering Qualifizierten und Sozialhilfeempfängerinnen zu tun haben, Volkshochschulen, die überwiegend Mittelschichtsangehörige anziehen). Die Darstellungen stützen sich weiter auf die Erfahrungen, die ich selbst als Beraterin in einer der Modellberatungsstellen machen und die ich aufgrund der regelmäßigen Diskussionen mit den Beraterinnen der anderen Modellprojekte im Rahmen des Modellversuchs auf eine objektivere Basis stellen und überprüfen konnte.

Wiedereinsteigerinnen: eine heterogene Gruppe

In der Handreichung III der wissenschaftlichen Begleitung des Modellversuchs heißt es über die Frauen, die die Beratungsstellen aufsuchen: [39]

"Die Zielgruppe der Berufsrückkehrerinnen ist sehr heterogen und definitorisch nur schwer einzugrenzen. Sie umfaßt die junge Frau Mitte 20 mit kleineren Kindern ebenso wie die Frau Mitte oder Ende 40, deren Kinder bereits erwachsen sind. Ferner gehören zu den Berufsrückkehrerinnen nicht nur jene Frauen, die in den vor der Unterbrechung ausgeübten Beruf zurückkehren wollen, sondern auch solche, die im

---

[39] Infratest Handreichung III von 5/1991 S.31, veröffentlicht in der Reihe „Materialien zur Frauenpolitik" des Bundesministeriums für Frauen und Jugend: Auswertung von 817 Erstgesprächen, die von 17.9-9.11.1990 in den Beratungsstellen durchgeführt wurden. Alle folgenden Zahlenangaben sind hieraus entnommen.

Rahmen ihrer erneuten Erwerbstätigkeit einen Berufswechsel vornehmen wollen oder müssen."

Einige Zahlen aus dem Modellversuch verdeutlichen diese Heterogenität: Unter den "beforschten" Wiedereinsteigerinnen befinden sich Frauen aller Altersgruppen, wenn auch die Hälfte der Frauen zwischen 31 und 40 Jahre alt und 1/3 der Frauen älter als 40 Jahre alt ist. Damit zusammenhängend sind auch die Ausstiegszeiten, der Abstand zur letzten Erwerbstätigkeit sehr heterogen. Gut ein Drittel der nicht erwerbstätigen Frauen ist zum Erhebungszeitpunkt mehr als 10 Jahre nicht mehr erwerbstätig.

Die schulischen Ausgangsbedingungen reichen von fehlendem Schulabschluß (4%) über Hauptschulabschluß (28%) und Mittlere Reife (38%) bis hin zu Abitur und Fachhochschulreife (28%). Diese Durchschnittswerte zeigen allerdings nicht auf, daß es sehr große Unterschiede in der Zusammensetzung gibt bei Frauen, die in ländlichen Regionen und bei Frauen, die in Großstädten die Beratungsstellen aufsuchen. In Großstädten kommt ein größerer Anteil von Frauen mit fehlendem sowie mit höherem Abschluß.

2/3 der Frauen verfügen über eine abgeschlossene Ausbildung, 1/5 davon kann akademische Abschlüsse vorweisen. 1/3 der Frauen hat also, häufig in Korrelation mit fehlenden bzw. niedrigen Schulabschlüssen, keinen Ausbildungsabschluß. Bezogen auf die Altersgruppen sind Frauen unter 30 Jahre und Frauen über 40 Jahre häufiger ohne Berufsabschluß. Bei den nicht-akademischen Berufsabschlüssen gibt es Häufungen bei den Sozial-und Gesundheitsdienstberufen einerseits und den kaufmännischen und Verwaltungsberufen andererseits mit jeweils etwa einem Drittel.[40] Das restliche Drittel setzt sich aus einer großen Palette von Berufen zusammen.

Unterschiede in der Lebenssituation drücken sich so aus, daß 40% der Frauen alleinlebend bzw. alleinerziehend sind und 58% in einer Ehe oder Partnerschaft leben.

Gemeinsamkeiten

Die meisten der Frauen (3/4) haben mindestens ein Kind in ihrem Haushalt, etwa die Hälfte unter 10 Jahre alt. Darüber hinaus ist für über die Hälfte der Mütter die Betreuungssituation für die Kinder nicht ausreichend gesichert, um erwerbstätig werden zu können oder sich zu qualifizieren.

---

[40] Die genannten Wunschberufe für die erneute Berufstätigkeit bei den Frauen, die noch keinen Berufsabschluß haben oder wechseln wollen, häufen sich in den gleichen Bereichen wie die Ausgangsberufe.

72% der Frauen sind zum Zeitpunkt der Erhebung nicht erwerbstätig. Von den restlichen Frauen ist 1/5 in geringfügigen Beschäftigungsverhältnissen. Die weitaus meisten Frauen verfügten damit nicht über eigenes Einkommen, sondern sind abhängig von Einkommen oder Unterhalt des Partners bzw. von Zahlungen der öffentlichen Hand wie etwa Sozialhilfe.

Obwohl die Beratungsstellen auch ausdrücklich Hilfen bei der Entscheidung darüber anbieten, ob eine Frau wieder erwerbstätig werden will, kommen 90% der Frauen bereits mit dem festen Entschluß, eine erneute Erwerbstätigkeit aufzunehmen. Über die Häfte der Frauen strebt ausdrücklich eine Tätigkeit in Teilzeit an.

Die Fragestellungen der Frauen in der Beratung gruppieren sich um die Bedingungen für den Wiedereinstieg und die Vereinbarkeit von Familie und Beruf. Dabei geht es auch, aber nicht ausschließlich, um Informationen (z.B. über die Arbeitsmarktsituation, Weiterbildungsangebote, Alternativen der Kinderbetreuung, finanzielle Zuschüsse, Zuständigkeiten). Die Frauen erhoffen sich vor allem Verständnis und Unterstützung: sie erleben oder befürchten große Widersprüche in Anforderungen und Bedingungen von Familien- und Erwerbsarbeit. Diese Widersprüche werden oft als individuelle Probleme und Defizite empfunden und lösen Ängste und Unsicherheiten aus, um so ausgeprägter, je länger die Frauen nicht erwerbstätig waren. Defizite fachlicher Art sind oft vorhanden, je nach Ausstiegsdauer sind fachliche Lücken mehr oder weniger groß. Die Frauen sind jedoch auch mit Defizitvorstellungen konfrontiert, die die ganze Person betreffen und auch überfachliche Fähigkeiten anzweifeln, z.B. die zu konzentriertem, engagiertem, sachorientiertem Lernen und Arbeiten. Daß Frauen solche Defizitvorstellungen annehmen, liegt am Charakter der familiären Arbeit, die weniger sach- als personen- bzw. bedürfnisorientiert angelegt ist und damit eine andere Arbeitsweise erfordert als Erwerbsarbeit. Beispielsweise ist weniger systematisches Bearbeiten ausschließlich einer Sache, sondern eher das permanent flexible Reagieren und das Eingehen auf wechselnde Bedürfnisse anderer gefordert. Ein Teil der Arbeit besteht im Aufrechterhalten der Lebensgrundlagen und ist mehr oder weniger unsichtbar (die ständig neu anfallende Hausarbeit im engeren Sinne von Putzen, Waschen, Kochen etc, aber auch Koordination von Terminen, Anwesenheit und Ansprechbarkeit bei Problemen). Er wird erst dann als wirkliche Arbeit, als Leistung erkennbar, wenn er *nicht* (mehr) geleistet wird.[41] Das Gefühl etwas zu tun, das "eigentlich" keine Arbeit ist, untergräbt das Selbstbewußtsein.

---

[41] Siehe Darstellung Beck-Gernsheim, E. ,1976 und Oster, I., 1978

Der inhaltliche Weiterbildungsbedarf

Viele der Frauen, die wieder erwerbstätig werden wollen, betrachten Weiterbildung als einen Schlüssel dazu. Weiterbildung wird auch von den Frauen, die in die Beratung kommen, als zweithäufigstes Anliegen genannt (nach dem Wunsch nach erneuter Erwerbstätigkeit selbst).

Meistens wird dabei *fachliche Weiterbildung* angefragt. Entsprechend den unterschiedlichen Ausgangsbedingungen richten sich die Interessen auf alle Qualifikationsebenen und beziehen sich auf Maßnahmen der Qualifikationsanpassung, der Umschulung in einen neuen Beruf oder um einen fehlenden Abschluß nachzuholen und auf aufstiegsorientierte Fortbildung.

Geäußert wird außerdem, in geringerem Umfang, der Wunsch nach *allgemeiner Weiterbildung* in Form von Maßnahmen, über die ein Schulabschluß nachgeholt werden kann. Ein kleiner Teil der Frauen äußert den Wunsch, ein *Studium* zu beginnen.

In der Beratung äußert sich darüber hinaus ein sehr großer Bedarf an *Orientierung* über berufliche Möglichkeiten: ein Bedarf nach Einblicken in Berufsfelder, berufliche Erfordernisse, Veränderungen in den einzelnen Berufsbereichen und die Arbeitsmarktlage. Das liegt daran, daß ein großer Teil der Frauen vor dem erneuten Start die frühere Berufstätigkeit kritisch reflektiert und ernsthaft erwägt, nicht mehr in das alte Tätigkeitsfeld zurückzukehren. Frauen durchlaufen oft mangels Alternative Ausbildungen in Berufen, die zuwenig Perspektiven bieten (v.a. Berufe mit ungünstigen Verdienstchancen, ungünstigen Arbeitszeiten und -bedingungen, z.B. Verkäuferin, Friseurin, Arzthelferin). Der Wunsch nach einem neuen Beruf entsteht aber auch, weil viele Frauen während der Tätigkeit in der Familie andere Interessen und Neigungen entwickeln, die sie eventuell beruflich einsetzen wollen. Viele inhaltlichen Weiterbildungsbedürfnisse konkretisieren sich so erst im Laufe des Beratungsprozesses, wenn Vorstellungen und Wünsche bezogen auf angestrebte Tätigkeiten näher beleuchtet werden.

Der größte Teil der Frauen ohne bisherigen Berufsabschluß wünscht, einen Abschluß nachzuholen und möchte sich deshalb orientieren.

Nicht allein Informationen sind notwendig, wenn sich die Frauen beruflich orientieren wollen. Diese Informationen müssen zu den eigenen Bedingungen und Fähigkeiten in Beziehung gesetzt werden, um Entscheidungen für eine berufliche Richtung bzw. eine Weiterbildungsmaßnahme zu treffen.

Zusammenfassende Beschreibung der Zielgruppe

Es handelt sich bei Wiedereinsteigerinnen um Frauen, die ihre Erwerbsarbeit unterbrochen haben, um sich einige Zeit ausschließlich oder überwiegend familiärer Arbeit zu widmen: Haushalt, Kinderbetreuung, Pflege älterer Familienangehöriger. Für die meisten Wiedereinsteigerinnen läßt sich festhalten, daß sie eine Erwerbstätigkeit mit der weiterhin vorhandenen Verantwortung für die Arbeit in der Familie verbinden wollen oder müssen. Diese Arbeit bindet einen Teil ihrer Energien und bringt zeitliche Einschränkungen mit sich- mit massiven Auswirkungen auf ihre Möglichkeiten, sich weiterzubilden.

Aufgrund der Erwerbsunterbrechung fühlen sich Wiedereinsteigerinnen unsicher, subjektiv zu wenig qualifiziert oder informiert über Strukturen und Anforderungen im Erwerbsbereich. Die Befürchtung, fachliche Defizite zu haben, ist häufig zutreffend, da sich viele Berufbereiche durch die Informations- und Kommunikationstechnologien stark verändert haben. Sie streben in aller Regel Erwerbstätigkeit an, die ihnen eine eigene soziale Absicherung ermöglicht, zumindest in der Perspektive. Sie haben oft keine oder nur geringe eigene Einkünfte, was jedoch nichts über ihre tatsächliche finanzielle Situation aussagt. Es besagt aber etwas über ihre Abhängigkeit in finanziellen Entscheidungen (z.B. vom Familieneinkommen, von familiären Konsumpräferenzen, von Zugeständnissen in der Handlungsfreiheit).

Die sonstigen Ausgangsbedingungen (psycho-soziale Situation, Bildungsvoraussetzungen etc.) von Wiedereinsteigerinnen sind in starkem Maße heterogen. Ebenso heterogen ist daher auch der konkrete Bedarf an beruflich orientierter Weiterbildung einschließlich der Maßnahmen, die die schulischen Voraussetzungen schaffen.

Einige der Ausgangsbedingungen der Wiedereinsteigerinnen, soweit sie sich überhaupt als Gruppe beschreiben lassen, treffen auch auf andere Frauen zu. Das gilt vor allem für Frauen, die Familienarbeit als Bestandteil der Lebensplanung begreifen: Frauen, die Kinder haben oder Angehörige pflegen und, statt die Erwerbsarbeit zu unterbrechen, in Teilzeit erwerbstätig sind, haben z.B. ähnliche zeitlich-organisatorische Probleme, an Weiterbildung teilzunehmen. Sie sind u.U. ebenso von den unterschiedlichen Anforderungen der beiden Bereiche Erwerbsarbeit- Familienarbeit verunsichert. Sie sind, wenn ihr eigenes Einkommen nicht existenzsichernd oder dringend zur Aufbesserung des Familieneinkommens eingeplant ist, finanziell ähnlich eingeschränkt.

Die zeitlichen und finanziellen Einschränkungen treffen schließlich auch auf alleinstehende Frauen zu, die ihre Berufsentscheidungen revidieren wollen, beispielsweise, um aus sogenannten Frauenberufen, in andere, aussichtsreichere Berufe zu wechseln.

Didaktische Ableitungen und ihr Bezug zu "Open Learning"

Es soll im Folgenden festgehalten werden, welche Anforderungen an eine Bildungsarbeit mit Wiedereinsteigerinnen, bzw. Frauen mit ähnlichen Bedingungen sich aus der Beschreibung ihrer Situation und ihrer inhaltlichen Weiterbildungsbedürfnisse ergeben. Dann soll festgestellt werden, an welchen Punkten individualisierte, mediengestützte Lernformen dem entgegenkommen.

Orientierende Bildungsangebote: Brücke zwischen Privatem und Öffentlichem[42]
Aus den Beschreibungen läßt sich die Notwendigkeit zu orientierenden Bildungsangeboten ableiten, die keinesfalls aus besonderer Betreuungsbedürftigkeit der Frauen resultiert oder gar daraus, daß die Frauen motiviert werden müßten. Bildungsarbeit hat im Rahmen von Orientierungsangeboten einen politischen Auftrag. Sie soll eine Standortbestimmung der Frauen unterstützen und Hilfen zum Aufbau eines neuen Selbstbewußtseins geben, indem gesellschaftliche Zusammenhänge und Rollenerwartungen aufgedeckt und hinterfragt werden. Die Erfahrungen aus der Familienarbeit müssen aufgenommen und bewußt gemacht werden, um der Defizitvorstellung entgegenzuwirken, mit der die Frauen konfrontiert werden. Frauen, die erwerbstätig sind und Familie haben, bewegen sich im Schnittpunkt verschiedener Interessen, an sie gestellter Forderungen, und Strukturen. Sie müssen sich dabei energisch gegen eigene und gesellschaftliche "Idealbilder" abgrenzen, die die jederzeit ansprechbare, liebevolle Mutter einerseits, und die beruflich voll engagierte und verfügbare Karrierefrau andererseits, als Anspruch entwerfen. Neue Ziele zu entwickeln und zu verfolgen erfordert auch eine Neuverteilung von Verantwortung in der Familie, die sich nicht automatisch ergibt, sondern durchgesetzt werden muß.

Schließlich können orientierende Angebote auch der Auffrischung und Aneignung von Lerntechniken als Vorbereitung für berufliche Weiterbildung dienen. Organisiertes Lernen erfordert andere Techniken, als das Alltagslernen "nebenbei" aus Erfahrungen.

Einbeziehung der Lebensrealitäten in die berufliche Weiterbildung
Berufliche Weiterbildung darf sich nicht auf die Vermittlung von eng fachlicher, weil direkt beruflich verwertbarer Qualifikation beschränken. Die berufliche Perspektive muß in der sonstigen Lebensrealität verortet sein. Bezogen auf die Frauen, die aus der Familienarbeit kommen und diese weiterhin als Teil ihres Lebens sehen, bedeutet das z.B., daß innerhalb beruflicher Weiterbildung Raum gegeben sein sollte, Erfahrungen zu reflektieren und Probleme anzusprechen.

---

[42] Orientierungskurse mit den im folgenden angesprochenen Inhalten werden inzwischen von fast allen der Modellberatungsstellen, aber auch von sonstigen Stellen für die Zielgruppe der Wiedereinsteigerinnen angeboten und stark nachgefragt.

Zeitliche Gestaltung von Bildungsangeboten
Die übliche zeitliche Gestaltung von Weiterbildungsangeboten stellt Wiedereinsteigerinnen und Frauen, die Weiterbildung mit familiären Verpflichtungen in Einklang bringen müssen, vor große Probleme, wenn sie daran teilnehmen wollen. In der Mehrzahl der Fälle sind diese Frauen zeitlichen Beschränkungen unterworfen. Angebote in Vollzeit wahrzunehmen, ist daher selten möglich oder würde ungeheure Anstrengungen erfordern. Die Diskussion um frauenspezifische Bildungsangebote und die Forderungen an die Bildungsträger konzentrieren sich daher seit Jahren auf die Einrichtung von Maßnahmen in Teilzeit. Dies ist eine mögliche Lösung, Weiterbildung besser zugänglich zu machen, weil sich die Voraussetzungen für eine geringere tägliche Abwesenheit leichter schaffen lassen. Dennoch haben Frauen mit kleinen Kindern, die sie beispielsweise in den Kindergarten bringen müssen, engere und andere zeitliche Vorgaben als Frauen mit Schulkindern. Frauen, deren Partner abends bei den Kindern sein kann, haben wiederum andere zeitliche Präferenzen als Alleinerziehende.

Zur zeitlichen Gestaltung gehört auch die Frage, wann ein Einstieg in eine Bildungsmaßnahme möglich ist. Bei Gruppenmaßnahmen in Nahunterricht sind die Anfangszeiten und der Turnus festgelegt. Das bedeutet zum Beispiel, daß eine Frau, die sich im November entschließt, einen Buchhaltungskurs zu beginnen, damit vielleicht bis Oktober des folgenden Jahres warten muß, weil erst dann wieder ein neuer Kurs startet. Das gleiche Problem hat sie, wenn es ihr bis zum Zeitpunkt des Beginns nicht gelingt, eine Möglichkeit der Kinderbetreuung zu organisieren.

Flankierung von Bildungsangeboten durch Kinderbetreuung
Für Kinderbetreuung muß gesorgt sein, unabhängig davon, in welcher Organisationsform Weiterbildungsangebote, die sich auch an Frauen richten, erfolgen. Häufig scheitert eine Weiterbildungsteilnahme an der fehlenden Möglichkeit der Kinderbetreuung.

Erreichbarkeit von Lernorten
Im Zusammenhang mit dem vorhergehenden Punkt ist es für viele Frauen wichtig, möglichst kurze Wege zu Weiterbildungseinrichtungen zu haben, um nicht zuviel Zeit allein für die Wege aufwenden zu müssen. Das heißt zum einen, daß Bildungseinrichtungen verkehrstechnisch gut erreichbar sein müssen, es heißt aber auch, daß die Einzugsbereiche nicht zu groß sein dürfen und Angebote dezentral stattfinden müssen.

Erweiterung des Angebotsspektrums
Die Bedarfe der Frauen nach Bildungsangeboten sind als stark individuelle Bedarfe zu verstehen: nicht nur, weil sie ungleichzeitig auftreten. Sie beziehen sich auf alle

Ebenen der Weiterbildung und auf das ganze Berufsspektrum. Dies gilt, obwohl es Konzentrationen bei den Ausgangsberufen und bei den beruflichen Wünschen gibt. Zu bedenken ist dabei, daß die Konzentration bei der Nachfrage zum Teil bereits eine Reaktion auf das eingeschränkte Angebot ist, das die Frauen in Teilzeit wahrnehmen können: Bei den Anpassungsmaßnahmen wird sehr stark die Vermittlung von EDV-Kenntnissen für kaufmännische Anwendungen nachgefragt. Hier konnte eine Reihe von Teilzeitangeboten etabliert werden. Beim Wunsch nach Umschulungen[43] werden fast zur Hälfte kaufmännische Berufsfelder genannt. Auch hier gelang es bundesweit, in mehreren kaufmännischen Berufen Umschulungen mit verkürzter täglicher Unterrichtszeit einzurichten.

Die Erfahrungen in den Beratungsstellen legen für beide Beispiele die Vermutung nahe, daß die Kurse, einmal installiert, ganz pragmatisch auch *wegen* der Teilzeitmöglichkeit von vielen Frauen genutzt werden, die andere inhaltliche Weiterbildungswünsche haben.

Generell gilt, daß berufliche Bildungsmaßnahmen erst eingerichtet werden, wenn genügend potentielle TeilnehmerInnen vorhanden sind und/ oder eine größere Anzahl entsprechender Arbeitsplätze zur Verfügung steht. In ländlichen Regionen können sich Frauen eventuell auch dann nicht weiterbilden, wenn sie Vollzeitmaßnahmen besuchen könnten, weil es keine oder keine passenden Bildungsangebote gibt.

Flexiblere Zugänge zu beruflicher Weiterbildung
Bezogen auf die fachliche Weiterbildung ist bei vielen Frauen auch ein Wunsch vorhanden, flexiblere Möglichkeiten des Berufswechsels und Erwerbs von Abschlüssen zu haben: indem z.B. Kenntnisse aus früherer Berufstätigkeit für neue Berufsausbildungen übertragen werden, außerberuflich erworbene Fähigkeiten gewertet werden oder eng festgeschriebene formale Voraussetzungen[44] aufgehoben werden.

Fazit
Es scheint an vielen Punkten einen Bedarf der Frauen nach "Öffnung" von Lernsystemen zu geben. Einige der benannten Punkte beziehen sich zunächst unabhängig von der Organisationsform auf qualitative Aspekte: auf die Einbeziehung vernach-

---

[43] Umschulungen sind in der Regel betriebliche oder überbetriebliche Maßnahmen, in denen über eine verkürzte Ausbildung, in der Regel in 21-24 Monaten, ein anerkannter Berufsabschluß erworben werden kann. Ob eine Maßnahme als Umschulung bezeichnet wird, hängt nicht davon ab, ob bereits ein anderer Berufsabschluß vorliegt oder nicht.

[44] Hier ein Beispiel: in Baden-Württemberg ist die Mittlere Reife zwingende Vorraussetzung, um die Ausbildung zur Erzieherin zu beginnen. Nicht einmal eine langjährige Berufspraxis als Hilfskraft im Kindergarten erspart es ihr, zunächst die in der Prüfungsordnung als Voraussetzung festgeschriebenen Mittlere Reife nachzuholen.

lässigter Inhalte, auf die Integration berufsfachlicher, allgemeiner und politischer Weiterbildung.

Ein großer Teil der benannten Punkte betrifft aber die Lernorganisation und die Auswahl verfügbarer Bildungsziele. Individualisierte, außerhalb von Gruppenangeboten mit festen Zeitvorgaben gestaltete Lernangebote müßten daher für Frauen mit Blick auf ihre Situation und ihre Bedingungen eine gute Alternative sein. Die Weiterbildungsbedürfnisse der Frauen sind ungleichzeitig und fachlich individuell, weil sie sich prinzipiell auf eine breite Palette von Berufsbereichen beziehen. Frauen haben ein überragendes Interesse an flexiblen Bildungsangeboten, flexibel u.a. in zeitlicher Hinsicht. Das spricht für eine Einbeziehung von "Open Learning"-Elementen und für den Nutzen individualisierter, mediengestützter Lernsysteme, die es tendenziell ermöglichen

- mit Fortbildungen jederzeit zu beginnen und nicht nur zu festgesetzten Zeiten
- in individuell gestalteter Teilzeit zu lernen
- dann zu lernen, wenn Spielräume vorhanden sind
- ortsunabhängiger, z.B. auch Zuhause lernen zu können
- bei der Wahl der Weiterbildungsmaßnahme stärker dem eigenen Wunsch zu folgen und nicht auf ungeliebte Alternativen ausweichen zu müssen, nur weil sie überhaupt oder in Teilzeit angeboten werden
- Weiterbildung auch beginnen zu können, wenn es regional keine Kursangebote oder Ausbildungskapazitäten gibt

Daß die Frauen oft sehr motiviert sind, hinzu- bzw. etwas Neues zu lernen, kann zunächst und in allgemeiner Form als günstige Voraussetzung gewertet werden, mit den Anforderungen der individualisierten Lernformen umzugehen. Der deutliche Wunsch nach flexibleren Zugängen zu Weiterbildung und neuen Abschlüssen ist weniger an die Organisationsform des individualisierten Angebots gebunden. Er korrespondiert mit dem philosophischen Hintergrund von "Open Learning", der der eigenen Entscheidung über Inhalte und Ziele große Bedeutung einräumt. Hier sind allerdings bildungspolitische Vorgaben und ordnungspolitische Entscheidungen notwendig, um Veränderungen zu erreichen.

Partiell offene Lernsysteme in der Bundesrepublik Deutschland und ihre Nutzung durch Frauen - Tendenzen

Die zeitlichen Einschränkungen und der dringende Wunsch der Frauen nach zeitlich flexibleren Angeboten in einer inhaltlich breiten Palette beruflich orientierter Angebote müßten eigentlich dazu führen, daß Lernsysteme, die diesen Bedingungen entgegenkommen, bereits verstärkt von Frauen genutzt werden. In erster Linie ist dabei an Bildungsangebote zu denken, die im Fernunterricht/ Fernstudium durchgeführt werden, da diese Angebote in Teilzeit wahrgenommen werden können und eigene Entscheidungen über Lernzeiten und Lernort zulassen. Sie bieten die Möglichkeit zu Weiterbildung, auch wenn regional keine Gruppenangebote bestehen, die zum gewünschten Ziel führen. Durch die Gestaltungsfreiheit in der täglichen Lernplanung können Probleme der Kinderbetreuung eventuell entschärft werden. Es soll daher nun, und wesentlich auf den Aspekt der Beteiligung von Frauen hin, Datenmaterial zum Fernunterricht und zum Fernstudium in Deutschland ausgewertet werden. Dies soll ergänzt werden durch einige vorsichtige Einschätzungen zur Nutzung von reinen Selbstlernmaterialien, worüber keine verallgemeinerungsfähigen Zahlen vorliegen. Weiter sollen die Erfahrungen der Beraterinnen im Modellversuch bezüglich Fernunterricht /-studium und Selbstlernmaterialien ausgewertet werden.

Fernunterricht

Fernunterricht ist in der Bundesrepublik, genauer in den alten Bundesländern, eine weniger bekannte Alternative der Weiterbildung. Fernkurse werden hier von privaten Anbietern entwickelt und über eine Zentralstelle für Fernunterricht registriert. Alle Lehrgänge, die über reine Hobbylehrgänge hinausgehen, müssen dort zur Überprüfung vorgelegt werden. Auf der Basis der freiwilligen Angaben der Anbieter wird jährlich eine Fernunterrichtsstatistik erstellt und im Berufsbildungsbericht veröffentlicht. Ich verwende im Folgenden Angaben aus dem Berufsbildungsbericht 1996.[45]

1995 wurden 1086 Fernlehrgänge zugelassen. 159 Veranstalter waren registriert, davon boten 56% jedoch nur einen Kurs an. Knapp die Hälfte des Lehrgangsange-

---

[45] Berufsbildungsbericht 1996, S. 110-112.

botes wurde von drei großen Fernlehrinstituten angeboten.[46] Der überwiegende Teil der Angebote (68%) fiel auf den beruflichen Bereich, hiervon 38% allein auf Angebote mit kaufmännisch-verwaltenden Inhalten (neben 21% gewerblich-technischen Lehrgängen und 41% sonstigen, vorwiegend Informatik-, Ausbildereignungs- und Sprachenlehrgängen). 32% der Angebote waren allgemeinbildenden Inhalts (darunter z.B. Schulabschlüsse). Für einen Teil der Kurse war Förderung nach dem Bundesausbildungsförderungsgesetz (BAFöG) möglich, ein Teil konnte über ein Darlehensprogramm des Bundeswirtschaftsministeriums gefördert werden. Die Förderung nach dem Arbeitsförderungsgesetz spielt seit 1994 kaum noch eine Rolle.

Fast die Hälfte (43%) der gesamten Fernkurse konnte mit einer Prüfung abgeschlossen werden, allerdings nur etwa zur Hälfte mit öffentlich-rechtlichen bzw. staatlichen Prüfungen (sonst: Verbandsprüfungen oder veranstalterinterne Prüfungen). Berufliche Weiterbildung über Fernunterrricht ist in aller Regel Fortbildung - berufliche Ausbildungsabschlüsse können so nicht erworben werden. In sehr geringem Umfang werden allerdings Vorbereitungskurse zu Externenprüfungen für Personen mit langjähriger Berufspraxis angeboten.

In der Mehrzahl liefen die Kurse als reine Fernkurse ab; bei 42% des Angebotes war begleitender Präsenzunterricht vorgesehen, darunter allerdings bei fast allen (86%) der berufsbildenden Lehrgänge, die zu anerkannten Prüfungen führten. Dies hängt mit den Förderungsbedingungen für TeilnehmerInnen zusammen. Präsenzunterricht ist in aller Regel strikt fachlich ausgerichtet.

Zu den Durchschnittskosten der Fernkurse gibt es keine Angaben, die Kosten differieren zwischen den einzelnen Anbietern. Die meisten Institute sehen vor, daß die Betreuungsfrist bis 2 Jahre über die Laufzeit hinaus verlängerbar ist, ohne daß zusätzliche Kosten entstehen. Die Einschreibe- und Kündigungsmodalitäten sind ansonsten verbraucherInnenfreundlich gesetzlich geregelt.

Über die freiwillige Statistik wurden mit 152626 Personen 99% der TeilnehmerInnen an Fernkursen 1995 erfaßt. Der Frauenanteil lag bei lediglich 43,7%. Immerhin ist eine massive Steigerung um nahezu sieben Prozentpunkte seit 1990 zu verzeichnen, die sich möglicherweise durch die Teilnahme von Frauen aus der ehemaligen DDR erklären läßt. Dort war Fernunterricht wesentlich weiter verbreitet als in der "alten" Bundesrepublik. Überdurchschnittlich waren die Frauen in ihren "klassischen" Domänen vertreten v.a. in den Bereichen "Pädagogik/ Psychologie" und "Geisteswissenschaften", außerdem im Bereich "Sprachen" und im Bereich "Freizeit, Gesundheit, Haushaltsführung". Die Fernunterrichtsstatistik gibt keine Hinweise über die sozioökonomische Situation der TeilnehmerInnen. Das bedeutet,

---

[46] Nach Auskunft des Deutschen Fernschulverbandes sind dies die Akademikergesellschaft für Erwachsenenbildung (AKAD) in Stuttgart, das Institut für Lernsysteme (ILS) in Hamburg und die Studiengemeinschaft Darmstadt.

es ist unklar, wie sich die Gruppe der am Fernunterricht teilnehmenden Frauen in Bezug auf Erwerbstätigkeit und Familienarbeit zusammensetzte und wieviele der Frauen zu betreuende Kinder hatten. Insgesamt fällt auf, daß Fernunterrichtsteilnehmer in aller Regel sehr jung waren - ein Trend, der sich in den letzten Jahren noch verstärkt hat. 56% der TeilnehmerInnen waren nicht älter als 30 Jahre, insgesamt 75% waren unter 35 Jahre alt. Es gibt allerdings keine geschlechtsspezifische Altersstatistik.

Fernstudium: Fernuniversität Hagen

Die Fernuniversität Hagen existiert seit 1975 in Zuständigkeit des Landes Nordrhein-Westfalen. Sie wurde in erster Linie eingerichtet, um die Präsenzuniversitäten zu entlasten, indem die Möglichkeit geschaffen wurde, reguläre Studienabschlüsse per Fernstudium zu erwerben. Zur Zulassung sind die entsprechenden Voraussetzungen notwendig (Abitur), ebenso ist die Organisation auf die üblichen Semesterzyklen abgestimmt. Es sind Diplomstudiengänge in den Fächern Wirtschaftswissenschaften, Elektrotechnik, Mathematik und Informatik möglich, daneben ein Magisterstudiengang in Erziehungs-/ Sozialwissenschaften, sowie rechts- und wirtschaftswissenschaftliche sowie pädagogische Zusatzstudiengänge und ein Ergänzungsstudiengang Elektrotechnik.

Die Immatrikulation als ordentlich Studierende ist aus dem gesamten Bundesgebiet in Teilzeit oder Vollzeit möglich. Entsprechend umfangreich ist das Studienmaterial, das in regelmäßigem 14 tägigem Rhythmus an die StudentInnen verschickt wird. Wie beim Fernunterricht sind die Unterlagen zu bearbeiten, einzusenden und werden korrigiert zurückgesandt. Es ist außerdem möglich, sich als ZweithörerIn oder KursstudentIn einzuschreiben. Insgesamt waren im Studienjahr 1995/96 54775 StudentInnen eingeschrieben. Bei den 15246 Neueinschreibungen für dieses Studienjahr befanden sich ca. 5000 Gast- und ZweithörerInnen. Bis 1982 war das Studium kostenfrei, seither wird ein Unkostenbetrag für die Studienmaterialien erhoben.[47]

Insgesamt 60 Studienzentren sollen Unterstützung bieten und die Möglichkeit eröffnen, andere Lernende zu treffen. Ein dichtes Netz gibt es allein in Nordrhein-Westfalen: dort sind 29 der Zentren angesiedelt. Die restlichen Zentren liegen überwiegend im Norden der Bundesrepublik, zwei liegen in Österreich.[48]

Christine von Prümmer und Ute Rossié haben die Nutzung des Fernstudiums durch Frauen erforscht und dazu eine Reihe "Frauen und Fernstudium" veröffent-

---

[47] Die Grundgebühr, die 10 Kurseinheiten einschließt, beträgt aktuell 150 DM pro Semester. Aus: Broschüre Informationen zum Studium, Fernuniveristät Hagen 1996.
[48] Stand Juni 1996.

licht. Obwohl die Fernuniversität ausdrücklich Gruppen ansprechen wollte, die Probleme haben, ein Studienangebot in der üblichen Präsenzform anzunehmen - hier besonders Frauen mit Kindern[49] - war der Anteil der Frauen, die an der Fernuniversität Hagen studierten, von Beginn an niedrig. Er konnte aber in den letzten Jahren gesteigert werden. Nachdem er bis 1990 immer um ca. ein Viertel pendelte, ist er im Studienjahr 1995 auf 33,9% der ordentlich Studierenden angewachsen. Der niedrige Frauenanteil wurde und wird vor allem mit dem Fächerangebot erklärt, das eher auf technische Fächer konzentriert ist. Daß dies jedoch nicht die einzige Erklärung sein kann, legte eine Studie von 1990 über Einschreibungen und Fachwahlverhalten von Studentinnen nahe. In dieser Studie wurde das Einschreibeverhalten von Frauen an der Fernuniversität für die Jahre von 1981 bis 1988 mit dem Einschreibeverhalten von Frauen an Präsenzuniversitäten in den entsprechenden Jahren verglichen. Das Ergebnis war, daß in Hagen fast durchgängig eine niedrigere Frauenquote vorlag als an Präsenzuniversitäten. Das betraf den Fachbereich Erziehungs-/ Sozialwissenschaften ebenso wie die technisch ausgerichteten Diplomstudiengänge (Ausnahme Elektrotechnik und seit 1984 Informatik, wo jeweils geringfügig mehr Frauen als an Präsenzuniversitäten eingeschrieben waren). [50]

Das Fernstudium scheint tendenziell, wie der Fernunterricht, vor allem für junge, ungebundene Menschen und für Berufstätige attraktiv zu sein. Die Frauen an der Fernuniversität waren nach einer 1991 veröffentlichten Studie fast zur Hälfte in Vollzeit berufstätig und fast zur Hälfte allein oder mit Partner, aber ohne Kinder lebend. Ein Drittel der Frauen war unter 25 Jahre alt, insgesamt 80% waren bis 31 Jahre alt.[51]

Lernen mit Selbstlernmaterialien/ systemen

Gemeint ist hierbei die Nutzung von pädagogisch aufbereiteten, frei auf dem Markt erhältlichen Medien, die allerdings ohne weitere Betreuung erfolgt. Es kann sich um das Durcharbeiten schriftlicher Materialien handeln, um die Arbeit mit Video- oder Tonkassetten sowie zunehmend um Lernen mittels computergestützten Lernprogrammen.

Schriftliche Selbstlernmaterialien gibt es beispielsweise als Begleitmaterialien zu Funk- und Telekollegs, für die Weiterbildung bestimmter Berufsgruppen oder zum

---

[49] Siehe von Prümmer, C. und Rossié, U. 4/1990 S,.1 und S. 3.
[50] von Prümmer, C. und Rossié, U. 4/1990 S. 61 ff.
[51] von Prümmer, C. / Rossié, U., 6/1991, S. 3-5.

begleitenden Einsatz in Gruppenmaßnahmen.[52] Daneben gibt es eine Reihe schriftlicher Materialien, die den Charakter von Ratgebern haben. Sie können durchgearbeitet und als Arbeitshefte oder -bücher benutzt werden (z.b. zum Thema Bewerbung, Lernen, Selbsteinschätzung, persönliches Auftreten und Verhandeln etc.). In geringem Umfang gibt es zu solchen Themen auch Videos. Daneben gibt es zum Erlernen oder Auffrischen von Sprachen Arbeitshefte und Tonmaterialien. In der Regel haben diese auf dem freien Markt erhältlichen und über Bibliotheken ausleihbaren Materialien eher informativen und allgemeinbildenden Charakter und sind zumeist nicht gezielt beruflich bezogen. Die Betrachtung der Nutzung solcher Materialien soll hier deshalb ausgeklammert bleiben.

Eher mit Weiterbildung verbunden wird das Lernen mit Computerprogrammen, das seit einigen Jahren verstärkt Thema in der Bildungstechnologieforschung ist. Auf computerunterstütztes Lernen wird auch meistens rekurriert, wenn von Selbstlernmaterialien/ -systemen die Rede ist, so z.b. im Bericht der Enquete-Kommission des Deutschen Bundestages "Zukünftige Bildungspolitik- Bildung 2000" von 1990. Computerfirmen, Softwarehäuser und Verlage haben sich den letzten Jahren verstärkt der Entwicklung von computergestützten Lernprogrammen angenommen. Diese Programme bereiten Lerninhalte auf oder vermitteln anwendungsbezogene Kenntnisse für die Arbeit mit dem PC.[53] Die fortschreitende Entwicklung der Informations- und Kommunikationstechnologien erlaubt inzwischen Multimedia-Anwendungen, bei denen via Computer Bild, Ton und Schrift integriert werden können ebenso wie interaktive Anwendungen. Computergestützte Lernprogramme werden zunehmend für die betriebliche Weiterbildung entwickelt und von Firmen für die MitarbeiterInnenschulung eingesetzt.

Kenntnisse über PC-Anwendungsprogramme haben sich zu Grundlagenqualifikationen für die meisten Berufs- und Tätigkeitsbereiche entwickelt. Unentbehrlich sind sie für Tätigkeiten im kaufmännisch-verwaltenden Bereich. Viele Bildungsträger, die EDV-Kurse im Angebot haben, bieten neben regulären Kursen sogenannte Computer-based-Trainings (CBT) an, teils unter dem Stichwort des "programmierten Unterricht": InteressentInnen können eine bestimmte Stundenzahl buchen, während der, mittels Selbstlernprogrammen für die verschiedensten Anwendungen, ohne persönliche Unterweisung und individuell an den Geräten des

---

[52] Beispiele: Materialien des Deutschen Institut für Fernstudien (DIFF) in 'Tübingen für die allgemeine wissenschaftliche Weiterbildung, Begleitmaterialien zu Funkkollegs, Materialien für die Lehrerfortbildung; der Deutsche Volkshochschulverband erstellte eine Reihe von Weiterbildungsmaterialien zur Erwachsenenbildung, die unter dem Titel Selbststudienmaterialien (SESTMAT) erhältlich sind.

[53] Dennoch scheint der Stellenwert computerunterstützten bzw. multimedialen Lernens in der Bundesrepublik sehr gering; dies wird im o.g. Enquete-Bericht beklagt (siehe Anhangsband S. 65 ff). Es wird auch von in in der Zeitschrift des -Bundesinstitut für Berufsbildung, Berufsbildung in Wissenschaft und Praxis 9/1993 von E. Ross ausgeführt und mit Zahlen belegt.

Bildungszentrums gearbeitet werden kann, oft bei freier Wahl der Lernzeiten. Diese Angebote spielen allerdings quantitativ gegenüber den regulären Kursangeboten keine große Rolle.

In der der Stadtbücherei Stuttgart zugeordneten Mediothek, in der Lernmaterialien und Neue Technologien für die freie und kostenlose Nutzung bereit stehen, zeigt sich eine deutliche Zurückhaltung der Frauen gegenüber diesen Lernangeboten. Es gibt dort eine Reihe von Selbstlernprogrammen für Anwendungssoftware wie winword oder excel, Angebote zum Thema Bewerbung und die Möglichkeit, kostenlos im Internet zu „surfen". Die Mediothek befindet sich in einem gut zugänglichen öffentlichen Gebäude, das auch die Volkshochschule und eine offene Kindertagesstätte beherbergt. Nach Auswertungen von Besucherbefragungen 1993 und 1995 wird die Mediothek zu über 70% von Männern genutzt.[54]

Praxiserfahrungen aus der Beratung von Frauen

Im folgenden werden Erfahrungen aus einer Veranstaltung mit Beraterinnen des vorne vorgestellten Modellversuchs „Beratungsangebote und -einrichtungen für Berufsrückkehrerinnen" ausgewertet. Im November 1993 konnte ich im Rahmen einer Auswertungswoche des Modellprojektes "Beratungsangebote und -einrichtungen für Berufsrückkehrerinnen" eine Gruppendiskussion mit neun Beraterinnen zum Thema "Relevanz individualisierter Lernformen für Frauen" durchführen.[55] Dabei ging es einerseits um die Nachfrage der Ratsuchenden nach Fernunterricht und Computer-based-Trainings, andererseits um die Beraterinnen-Initiative, solche Angebote vorzuschlagen. Die Tendenzen lassen sich kurz so zusammenfassen:

Das Lernen mittels Selbstlernsystemen für PC-Lernprogramme scheint für Frauen kaum Relevanz zu haben. Da die Frauen, die keine EDV- Kenntnisse haben, i.d.R. auch nicht über eigene Computer verfügen, kann diese Lernform nur durch die Wahrnehmung entsprechender Angebote bei Bildungsträgern ausgeübt werden. Diese Angebote sind rar. Doch das allein ist vermutlich nicht entscheidend dafür, daß Selbstlernsysteme kaum nachgefragt noch vorgeschlagen werden. Sie wurden von den Beraterinnen durchgängig als den Bedürfnissen der Frauen wenig angepaßt beschrieben: häufig bestehen,wenn bisher keinerlei Erfahrungen mit dem PC gemacht werden konnten, Ängste oder Vorbehalte, die nach der allgemeinen Ein-

---

[54] Informationen aus unveröffentlichten, in der Mediothek zugänglichen Auswertungsunterlagen.
[55] Beraterinnen aus Gießen, Husum, Berlin, Frankfurt, Osnabrück, Bad Oeynhausen, Landau, Bremerhafen, Stuttgart.

schätzung der Beraterinnen ohne persönliche Vermittlung schwer abgebaut werden können.[56]

Mit Fernunterricht und Fernstudium verhält es sich etwas anders: es wird ab und zu, wenn auch insgesamt selten, nachgefragt, vor allem in Beratungsstellen in ländlichen Regionen mit einem dünnen Angebot an sonstigen Weiterbildungsangeboten. Wenn es vorgeschlagen wird, sind die Frauen meist sehr skeptisch. Vorbehalte der Frauen scheinen vor allem mit der befürchteten Isolation beim Lernen verknüpft, mit der Angst, Inhalte nicht zu verstehen, die fast ausschließlich über schriftliche Materialien vermittelt werden und mit der Befürchtung, auf Dauer nicht die nötige Disziplin aufwenden zu können. Die Skepsis bzw. Ablehnung wird meist sehr spontan geäußert, selten haben die Frauen nähere Vorinformationen über Angebote und Modalitäten des Fernunterrichts/ -studiums.

Vorbehalte bestehen auch auf Seiten der Beraterinnen, die Fernunterricht als am ehesten für Akademikerinnen geeignet einschätzten. Es wurden mögliche Gründe diskutiert, die für die beobachtete geringe Nutzung und die Ablehnung eine Rolle spielen könnten. Problematisiert wurden die "kognitive Überlast", das heißt das Übergewicht der reinen Wissensvermittlung und der intellektuellen Anforderungen. Thematisiert wurde außerdem die tendenziell vollkommen isolierte Lernsituation. Als problematisch wird auch gesehen, daß Frauen meist nicht über ein eigenes Zimmer verfügen, das als Lernort dienen kann. Ebenso kritisch wurde der Abgrenzungsdruck beurteilt, unter dem die Frauen stehen, wenn sie Zuhause lernen. Es scheint, als ob sowohl ratsuchende Frauen als auch die Beraterinnen Fernlehrangebote und Selbstlernsysteme tendenziell eher als Notlösungen einschätzen denn als Bildungssysteme, die ob der beschriebenen Gestaltungsspielräume für die Frauen vorteilhaft sein könnten.

3.5. Fazit

Wenn man die Daten zum Fernunterricht/ -studium, die Tendenzen bei der Nutzung von Selbstlernmaterialien/ -systemen und die Erfahrungen der Beraterinnen betrachtet, bleibt festzustellen, daß die faktische Nutzung tendenziell offener Lernsysteme durch Frauen in der Bundesrepublik gering ist und daß sie den Frauen anscheinend auch nur begrenzt attraktiv erscheinen. Gerade diejenigen Frauen, die durch diese Lernsysteme besonders angesprochen werden sollen (Wiedereinsteigerinnen,

---

[56] Dies könnte sich inzwischen etwas verändert haben, da die Durchdringung der Berufsbilder mit Informations- und Kommunikationstechnologien - nicht nur im kaufmännischen Bereich - weiter vorangeschritten ist. Anders als noch zu Beginn der 90er Jahre haben viele Wiedereinsteigerinnen heute zumindest Grundkenntnisse über Anwendungsprogramme der EDV. Der Hardware-Preisverfall hat zudem dazu geführt, daß viele Haushalte heute über PCs verfügen.

Frauen mit Kindern), verhalten sich anscheinend besonders zurückhaltend oder ablehnend. Hier liegt ein Widerspruch vor, nachdem die Relevanz individualisierten Lernens bzw. „offener Angebote" aufgrund der vorne geschilderten Situation der Frauen nicht in Frage zu stehen scheint.

Die geschilderten praktischen Erfahrungen in den Beratungsstellen geben Hinweise auf eine skeptischen Einschätzung diesen Lernformen durch die Frauen, die vor allem die Gestaltung der Lernbedingungen betreffen. Da die Skepsis bzw. Ablehnung der Frauen in der Beratung eigentlich nie mit direkten Erfahrungen erklärt wird, scheint das zunächst nicht an der didaktischen Gestaltung der Materialien selbst zu liegen. Die Aufbereitung der Materialien soll daher in dieser Arbeit nicht untersucht werden.

Die Erfahrungen aus der Beratung weisen darauf hin, daß unterstützende Angebote, persönliche Beratung, die Möglichkeit zu Austausch mit anderen eine wichtige Rolle bei der Entscheidung um Wiedereinstieg und Weiterqualifikation spielen. Es ist also zu fragen, ob dies die benannten Vorteile der individualisierten Lernsysteme überwiegt. Sind "offene" Lernsysteme im Sinne individualisierter, mediengestützter Systeme also für Frauen grundsätzlich wenig geeignet? Dies scheint zumindest zweifelhaft, wenn die britischen Erfahrungen herangezogen werden. Im Vereinigten Königreich ist eine starke Nutzung der "Open Learning"- Angebote durch Frauen festzustellen.

Es sollen daher im Folgenden Beobachtungen zu "Open Learning" im Vereinigten Königreich dargestellt werden. Dabei soll gefragt werden

- welche Präsenz und Öffentlichkeit "Open Learning"-Angebote haben
- welche Rolle sie im Weiterbildungsangebot spielen
- welche Nutzung durch Frauen sich belegen läßt (v.a. bei Angeboten, die zumindest teilweise "offenen" Lernsystemen in Deutschland vergleichbar sind)
- welche Unterstützungssysteme für "Open Learning" existieren und welche Rahmenbedingungen Angebote aufweisen, die Bedürfnissen von Frauen entgegenkommen
- welche Bedingungen im Bildungs- und Beschäftigungssystem gute Ausgangspositionen für eine Kultur individualisierten Lernens darstellen.

TEIL II

"OPEN LEARNING" IM VEREINIGTEN KÖNIGREICH: DIE VERANKERUNG OFFENER LERNSYSTEME UND IHRE RELEVANZ FÜR FRAUEN

Die Ausbreitung und öffentliche Förderung von "Open Learning" imVereinigten Königreich: Beobachtungen und Hintergründe

"Open Learning", zunehmend auch "Open Flexible Learning", ist im Vereinigten Königreich eine populäre Bezeichnung, unter der Lernsysteme zusammengefaßt sind, die flexible Zugänge und flexible Gestaltungsformen in Aus- und Weiterbildung ermöglichen. Immer geht es dabei um individualisiertes Lernen, das wesentlich auf der selbständigen Arbeit mit Medien basiert, so unterschiedlich die Medien selbst sein können und so unterschiedlich die Betreuungsintensität und die Intensität sozialer Kontakte im Lernprozeß im einzelnen sein kann. "Open Learning" wird zunächst zu "Mainstream Learning" abgegrenzt, das Nahunterrichtsangebote in fest organisierten Gruppen bezeichnet. Bildungsangebote in Teilzeit, wie sie inzwischen an fast allen Colleges üblich sind und eine Alternative zur schulischen Berufsbildung und Weiterbildung in Vollzeit ermöglichen, werden zum Beispiel zum "Mainstream" gerechnet.[1]

Seit Beginn der 80er Jahre sind verstärkt staatliche bzw. staatlich geförderte Initiativen im Vereinigten Königreich zu beobachten, deren Ziel die Entwicklung hochwertiger und breit einsetzbarer "Open Learning"- Materialien ist und die "Open Learning" möglichst vielen Gruppen der Bevölkerung bekannt und zugänglich machen sollen. Erfahrungen aus dem Fernunterricht, aber auch Erfahrungen aus den früheren Versuchen mit sogenanntem Programmierten Unterricht in den 60er Jahren wurden dabei kritisch reflektiert. Programmierter Unterricht war in vielen Ländern, auch in Deutschland zugrunde gelegt und erprobt worden.[2] Seine Schwierigkeiten, sich durchzusetzen, resultieren meiner Meinung nach aus dem zugrunde liegenden, allzu technischem Verständnis von Lernen.[3] Bei der Weiterentwicklung individualisierten Lernens im Vereinigten Königreich wurde der Fokus auf die Gestaltung der Lernbedingungen gelegt, die als ein Teil des Gesamtkonzeptes begriffen wurde. Als wesentlich, neben der Entwicklung didaktisch hochwertiger Materialien, wurde die Entwicklung einer breiten Palette von Systemen der Betreuung und Unterstützung erachtet. Die damit in Zusammenhang stehende Idee der Lernzentren ist in diesem Kapitel ausgeführt.

---

[1] Siehe dazu Employment Department 1993 und Sargant, N. 1992.
[2] Beispiel: Sprachtraining mittels Kassetten in Sprachlabors.
[3] Ausgangspunkt war ein vom behaviouristischen Lernbegriff geprägtes stark technisches Verständnis von Lernen als "Training" und mittels Konditionierung.

Der Umfang der Angebote hat sich durch die Initiativen - einige davon sollen im Folgenden näher beschrieben werden - sehr stark ausgedehnt. Im Open Learning Directory[4] waren 1993 etwa 2400 "Open Learning"- Kurspakete allein für den Bereich der beruflichen Bildung beschrieben. Aus einem Teil dieser Initiativen haben sich in der Zwischenzeit etablierte Institutionen herausgebildet.

Gründe für die starke staatliche Förderung von "Open Learning" könnten in den bildungsökonomischen Argumenten liegen, die im Zusammenhang mit individualisiertem medienvermittelten oder -gestützten Lernen immer wieder genannt und in britischen Veröffentlichungen betont werden: Weiterbildung auf diesem Weg gilt als billiger denn Weiterbildung im Klassenverband.[5] Sie gilt vor allem dann als billiger, wenn sie für eine große Anzahl von Personen einsetzbar ist. Im Vereinigten Königreich wird eine massive wirtschaftliche Notwendigkeit proklamiert, in Bildung, zuallererst berufliche Bildung, zu investieren und sie weiten Gruppen der Bevölkerung zu erschließen. Die in den letzten 10 Jahren breit geführte Diskussion über Defizite im Bildungssystem, vor allem auf die berufliche Bildung bezogen, hat zur Entwicklung nationaler Bildungs- und Weiterbildungsziele geführt, deren Umsetzung über besondere Programme angestrebt wird. Vor allem die Etablierung nationaler Standards in Aus- und Weiterbildung - die es bislang nicht gab - bringt die, mit hohen Kosten verbundene, Notwendigkeit zu Aus- und Weiterbildung für alle mit sich.

Finanzielle Argumente spielen vermutlich auch in anderer Hinsicht eine Rolle für die staatliche Förderung von "Open Learning" als attraktive Alternative zu den "Mainstream"- Angeboten: Die für nötig befundene Nachqualifizierung breiter Gruppen der Erwerbsbevölkerung soll parallel zur Erwerbstätigkeit oder Arbeitsuche erfolgen können. Damit müssen Erwerbstätige nicht aus dem Arbeitsprozeß herausgelöst und über staatliche Programme finanziell gefördert werden, Erwerbslose können dem Arbeitsmarkt weiterhin zur Verfügung stehen.

Daß beim neuen nationalen Ziel des massiven Ausbaues der Weiterbildung mit Blick auf berufliche Chancen nicht ausschließlich, aber doch deutlich, auf individualisierte Angebote der Weiterbildung gesetzt wird, hat vermutlich nicht allein mit Kostengesichtspunkten zu tun. Es könnte unter anderem auch auf die ausgesprochen guten Erfahrungen mit der Open University zurückzuführen sein, die nicht nur aufgrund ihrer Größe, sondern auch aufgrund der Attraktivität für unterschiedlich-

---

[4] Der Open Learning Directory wird jährlich herausgegeben. Der Katalog listet "Open Learning Packages" für die berufliche Weiterbildung auf (betreute und unbetreute individualisierte Kurse) und informiert über Bedingungen und Unterstützungsmöglichkeiten. Ein Gremium, dem auch Arbeitsverwaltung und öffentliche Zuschußgeber angehören, soll die Qualität der aufgeführten Angebote garantieren.

[5] Betont z.B. in: Employment Department 1992, S. 1.4. Schon 1973 hatte Wedemeyer in einer Studie für die amerikanische National Association of Educational Broadcaster darauf hingewiesen, daß gut aufgearbeitete Lernmaterialen kostengünstigere Weiterbildung ermöglichen als die Bereitstellung eines entsprechenden Direktlernangebotes: Wedemeyer, C., 1976, S. 59.

ste Schichten der Bevölkerung ein bedeutsamer Faktor ist. Die Open University wird in vielen Veröffentlichungen als eine Art Idealmodell von "Open Learning" dargestellt, mindestens wird ihr aber Initialfunktion für die Verbreitung der Idee "Open Learning" zugesprochen.

Abgesehen von - im Folgenden beispielhaft dargestellten- teils staatlich getragenen oder geförderten Initiativen und Institutionen, die "Open Learning" Angebote verbreiten und dabei häufig Fernunterrichtsmethoden benutzen, gibt es im Vereinigten Königreich einen privaten, auf kommerzieller Basis arbeitenden Sektor des Fernunterricht. Da dieser Bereich nicht in ähnlicher Weise kontrolliert wird wie in der Bundesrepublik, ist kaum Datenmaterial darüber zugänglich.[6] In offiziellen Auswertungen ist der private Bereich des Ferunterrichtsangebotes nicht gesondert ausgewiesen. Er hat eine lange Tradition, und es kann vermutet werden, daß er immer eine starke Verbreitung hatte. Dies wird durch eine inzwischen veraltete, ländervergleichende deutsche Untersuchung, die im Auftrag des Bundesinstitut für Berufsbildung 1980 gezielt mit dem Blick auf den privaten Fernunterricht durchgeführt wird, bestätigt.[7] Die aktuelle Situation ist nicht dezidiert untersucht. Interessant ist allerdings, daß sich im Zuge der staatlich geförderten "Open Learning"-Initiativen eine Reihe von privaten Anbietern etabliert zu haben scheint, die nicht allein Fernunterrichtsangebote entwickeln, sondern die zusätzlich Selbstlernzentren auf privater Basis betreiben. Dies läßt sich im Open Learning Directory 1993 ersehen.

Die folgenden Darstellungen beschreiben beispielhaft einflußreiche öffentliche bzw. öffentlich geförderte Initiativen zur Verbreitung von "Open Learning" und zur Entwicklung entsprechender Materialien. Sie tragen massiv zur öffentlichen Präsenz von "Open Learning" bei.

Durch nationale Institutionen zentral koordinierte Initiativen zur Verbreitung von "Open Learning"

Eine Reihe von Institutionen, die nicht-kommerziell arbeiten bzw. öffentlich gefördert werden, entwickelt zentral "Open Learning"- Materialien für die Aus- und Weiterbildung auf verschiedenem Bildungsniveau. Für das Hochschulniveau und die

---

[6] Generell gibt es für den Fernunterricht lediglich eine, seit 1970 existierende, auf Freiwilligkeit basierende Aufsicht durch das "Council for the Accreditation of Correspondence Colleges". 42 Institutionen waren dort nach Auskunft des Verbandes 1994 Mitglied.

[7] Karow, W., 1980., Kapitel 5.6 Bei der Darstellung des Umfangs des privaten Fernunterrichts in Großbritannien bezieht er sich auf verschiedene Schätzungen und eine Untersuchung von Glatter/ Wedell. Danach lassen sich die seit den 60er Jahren konstant genannten jährlichen Neueinschreibungen von 280000 hochrechnen und von jährlich insgesamt ca. 500000 TeilnehmerInnen aus-gehen (S. 216).

Ebene akademischer Abschlüsse ist es die staatlich geförderte *Open University*. Für das mittlere Bildungsniveau und die Ebene beruflicher Abschlüsse ist es das *Open College*, eine Institution, die seit 1986 durch das Department of Employment gefördert wird und, in ähnlicher Weise wie die Open University für das Universitätsniveau, berufliche Bildungsangebote der ganzen an Colleges angebotenen Palette als individualisierte Angebote entwickeln und vertreiben soll. Das Open College war ursprünglich keine zentrale Institution, sondern ein Zusammenschluß verschiedener Colleges, die gemeinsam für ihre Einrichtungen "offene" Angebote als Alternative zu den Gruppenangeboten entwickeln wollten. Heute ist es eine Einrichtung des Fernunterricht, die sich vor allem an Berufstätige wendet, sowie seit 1991 verstärkt an Betriebe und Institutionen, für die Programme zur Weiterbildung der Beschäftigten entwickelt werden. Für das Fachhochschulniveau ist die Initiative *Open Polytechnic* zu nennen. Die Initiative aus ursprünglich 21 Fachhochschulen hatte zunächst das Ziel, die bereits existierenden vielfältigen "offenen" Materialien, die an Fachhochschulen für den eigenen Bedarf entwickelt und seit jeher massiv eingesetzt werden, breiter zugänglich zu machen.[8] Aus der Initiative wurde inzwischen eine Institution, die „offene" Weiterbildungsmaterialien vertreibt, allerdings weniger an Lernende, sondern vor allem an FachhochuldozentInnen. Die Initiative Open Polytechnic nennt sich seit 1992 Open Learning Foundation. Hervorzuheben ist an dieser Stelle noch das gemeinnützige *National Extension College (NEC)*, eines der größten Fernunterrichtsinstitute im Land und ob seines innovativen Charakters von großer Bedeutung. Es bietet Materialien vorwiegend, aber nicht ausschließlich, für Grundlagenqualifikationen und Schulabschlüsse an. NEC soll im Folgenden ebenso wie die Open University ausführlicher dargestellt werden.

Einige zentrale Institutionen bzw. Organisationen auf nationaler Ebene haben nicht die Entwicklung von, sondern die Beratung über "Open Learning" Materialien zum Ziel. Sie wollen Öffentlichkeit für "Open Learning" schaffen und gleichzeitig, neben der Beratung von Individuen und Organisationen, Einfluß auf Qualitätsstandards nehmen. Zu nennen sind hier vor allem die British Association for Open Learning, die British Open Learning Library (Teil des Birmingham Open Learning Development Unit), die Open Learning Federation in London und das staatliche National Council for Educational Technology.

Die Open University

Die Idee der Open University wurde während der Periode der Labour Regierung von 1964-1970 unter Harold Wilson ausgearbeitet. Die Open University sollte uni-

---

[8] Die Angaben zu Open College und Open Polytechnic stützen sich im wesentlichen auf Sargeant, N. 1992. Zu Open College siehe auch Grugeon, D., 1988 und Browning, D., 1991.

versitäre Aus- und Weiterbildung mit neuen Methoden und für neue Zielgruppen anbieten. Mit dem Ziel der Chancengleichheit sollte sie ohne formale Zugangsvoraussetzungen für Menschen offen sein, denen der Zugang zu akademischer Ausbildung bisher verschlossen war. Gleichzeitig sollte sie als Fernuniversität auch Berufstätigen den Zugang ermöglichen. Neben den schriftlichen Medien wie beim Fernunterricht bisher, wurden neue Medien wie Radio, Fernsehen, Kassetten und später Video und Computer verstärkt einbezogen. Die British Broadcasting Corporation (BBC) stellte Sendezeit zur Verfügung. Verstärkt werden Informations- und Kommunikationstechnologien einbezogen und Angebote über Internet zugänglich gemacht. Einzelne Lernzentren sind inzwischen mit Videoanlagen ausgestattet, die Videokonferenzen ermöglichen.[9]

Von Anfang an wurde ein intensives Unterstützungssystem eingeplant, das neben den Medien selbst zur Verfügung steht. Es bietet individuelle Beratung und in Lernzentren Ressourcen, Lerngelegenheiten, Hilfestellung und teils die Möglichkeit zu sozialen Kontakten und zur Bildung von Lerngruppen. Die Studienzentren, deren Besuch freigestellt ist, sind in einem relativ dichten Netz im Vereinigten Königreich verteilt. 1996 existierten bereits 306 dieser Zentren. Das Unterstützungssystem der Open University umfaßt weiter Gruppenangebote in Form der jährlichen Sommeruniversität und sogenannte Access-Kurse (d.h. Zugangskurse), mit denen Grundlagen für einen gewünschten Studiengang erarbeitet und der Umgang mit dem Lernsystem eingeübt werden kann. Eine entsprechende Personalausstattung ist gegeben. Insgesamt 7621 Angestellte waren 1995 an der Open University allein für die Tutorien und die Beratung der StudentInnen angestellt.

Der unbeschränkte Zugang, die für neue Zielgruppen geschaffenen Grundlegungsangebote und die ausdifferenzierten Unterstützungssysteme gehören zu den Besonderheiten an der Open University. Ebenso innovativ ist das Bewertungs- und Zertifizierungssystem der Open University. Es werden als bewertete Nachweise für erbrachte Leistungen sogenannte Credits vergeben, die die Funktion von Leistungsgutschriften haben. Sie können kumuliert werden und berechtigen nach festgelegten Modalitäten zum Abschlußzertifikat. Diese Form der Zertifizierung unterscheidet sich von der sonst an britischen Universitäten üblichen: dort steht am Ende eine Prüfung an, die zudem in der Regel einziger Leistungsnachweis ist. Die bescheinigten Credits sind übertragbar für andere Abschlüsse und teils auch an anderen Hochschulen gültig. Vor allem an Polytechnics, den Fachhochschulen, ist das System der Credits (Additives System) inzwischen verbreitet.

Die Open University umfaßte 1996 sechs Fakultäten (Arts and Languages, Mathematics and Computing, Science, Social Sciences, Technology und Education), an denen reguläre akademische Abschlüsse und Titel erreicht werden können. Die

---

[9] Über das Internet ist die Die Open University folgendermaßen zu lokalisieren: http://www.open.ac.uk

Zahl der im Jahr 1995 eingeschriebenen ordentlichen StudentInnen (undergraduate level) an der Open University lag bei über 140000. Zählt man diejenigen mit, die sich nach dem Diplom auf einen höheren akademischen Grad vorbereiten oder nur einzelne Kurse besuchen, liegt die Zahl der eingeschriebenen StudentInnen bei über 157000.[10] Weitere 60000 waren nicht regulär eingeschrieben, sondern hatten sogenannte Lernpakete (Selbstlernmaterialien) bezogen: Das Bausteinprinzip der angebotenen Kurse macht es in Grenzen möglich, an der Open University individuelle Lernprogramme zusammenstellen zu lassen. Es werden Studiengebühren erhoben.[11]

Neben den Studienfächern bietet die Open University berufliche Weiterbildung auf akademischem Niveau durch die School of Education und die School of Management an. Die Angebote der Fort- und Weiterbildung zielen nicht auf akademische, sondern auf berufliche Abschlüsse bzw. Prüfungen.

Wenngleich nicht alle bislang in akademischer Bildung unterrepräsentierten oder ausgeschlossenen Zielgruppen in dem im ursprünglichen Konzept anvisierten Umfang Zugang fanden, sind zumindest Frauen an der Open University von Anbeginn an stark vertreten und stellen etwa die Hälfte der NutzerInnen. Die Statistik der eingeschriebenen StudentInnen (undergraduate level) weist 1995 einen Frauenanteil von 49% aus. Obwohl es auch an der Open University die "typischen" Konzentrationen in bestimmten Fächern gibt, wiesen Untersuchungen einen im Vergleich zu den britischen Präsenzuniversitäten insgesamt höheren Frauenateil nach.[12]

In einer 1992 veröffentlichten Vergleichsuntersuchung mit der Fernuniversität Hagen zeigten sich deutliche Altersunterschiede bei StudentInnen der Open University und der Fernuniversität. Mehr als die Hälfte der an der Open University studierenden Frauen (ebenso auch der Männer) war zwischen 30 und 44 Jahre alt, nur jede fünfte Frau war unter 30. Dies ist ein deutlicher Kontrast zu Hagen, wo der überwiegende Teil der Frauen unter 30 Jahre alt ist.[13] Dieser Kontrast erklärt sich vermutlich aus den unterschiedlichen Funktionen, die Abschlüsse/ Zertifikate in den beiden Staaten erfüllen.

---

[10] Diese und alle folgenden Zahlenangaben nach Angaben der Open University. Darstellungen auch über Internet abrufbar (Kapitel „Facts and Figures" der Open University Homepage).
[11] Für ordentlich Studierende werden im Kursbuch der Open University von 2/1996 Gebühren von ca 300 Pfund pro Kurs (6-9 Monate Bearbeitungszeit) angegeben. Die Preise für einzelne Lernpakete können weit niedriger liegen und differieren erheblich. Es gibt Zuschuß- und Stipendien-Möglichkeiten.
[12] Ausgeführt in Kirkup, G., 1988.
[13] Auch Männer an der Fernuniversität Hagen sind älter als Männer an der Open University. Vergleichsdaten in von Prümmer, C./ Rossié,U., 2/1992.

The National Extension College (NEC)

NEC ist eine nicht-kommerzielle Stiftung (Trust).[14] NEC erarbeitet und vertreibt Materialien für individuelle NutzerInnen und "Open Learning"-Materialien zur Nutzung in Institutionen. Die Materialien können individuell erworben werden und als Ressourcen zum Einsatz in Lernzentren und Gruppenmaßnahmen, z.B. als Fotokopiervorlagen. Es sind jährlich etwa 10000 individuelle TeilnehmerInnen eingeschrieben.

Die Institution wurde bereits 1963 von Michael Young gegründet. Älter als die Open University, soll sie auf deren Konzept deutlichen Einfluß gehabt haben. Sie ist für ihren stark innovativen Charakter bekannt: NEC sprach sehr frühzeitig nicht nur individuell Lernende, sondern auch Institutionen mit dem Angebot an, für deren Zwecke Selbstlernmaterialien zu entwickeln. Auf Eingangsvoraussetzungen für individuell Lernende wurde bewußt verzichtet. Ähnlich wie später die Open University im akademischen Bereich, verfolgt NEC die Idee, Lerninteressierte durch besondere Zugangs- und Aufbaukurse an das angebotene hohe Niveau im Qualifikationsbereich unterhalb akademischer Abschlüsse heranzuführen und eine schrittweise Qualifizierung in überschaubaren Einheiten zu ermöglichen. Die von NEC erstellten Lernmaterialien haben den Ruf, didaktisch vorbildlich zu sein.[15]

Das Angebot beinhaltet etwa 150 Kurse. Es umfaßt Grundlagenqualifikationen und die Vorbereitung auf Schulabschlüsse ebenso wie berufliche Weiterbildung, vor allem im kaufmännischen und pädagogischen Bereich, sowie individuelle Begleitung und Beratung bei der Vorbereitung auf Externenabschlüsse auf verschiedenem Niveau. NEC bietet zudem traditionell unabhängig von einer Kursbelegung tutorielle Unterstützung für Personen, die sich auf akademische Externenabschlüsse an der London University vorbereiten.[16]

Eine detaillierte Auswertung des TeilnehmerInnen-Profils wurde 1990 im Auftrag des NEC vom Regionalbüro Cambridge der Open University durchgeführt.[17] Sie stützt sich auf eine Zufallsstichprobe von 1000 TeilnehmerInnen an NEC-Kursen der gesamten Palette im Jahre 1989, die mittels Fragebogen befragt wurden. Die Ergebnisse sind auch deshalb interessant, weil das von NEC vorgesehene Unterstützungssystem dem beim deutschen Fernunterricht vergleichbar ist. NEC-Kurse sind in der Regel als Fernunterricht mittels schriftlicher und auditiver Materialien organisiert sind und die Kommunikation beschränkt sich zumeist auf Korre-

---

[14] Es wird gelenkt von einem Gremium bildungspolitisch renommierter Persönlichkeiten und Vertretern staatlicher und unabhängiger Bildungsinstitutionen.
[15] Siehe Sargant, N., 9/92, S. 18 und Pates, A. u.a. (Hrsg.), 1986, S. 141.
[16] Daten aus schriftlichen Auskünften des National Council for Educational Technology in Coventry, England und aus den NEC-Broschüren Guide to Courses 1994 und 1996/97.
[17] NEC, 1991.

spondenz und Telefonkontakte. Nach den Ergebnissen der Studie stellen Frauen insgesamt genau zwei Drittel der TeilnehmerInnen - eine Quote, die sich bei Fernunterricht in Deutschland nur bereichsbezogen in den geisteswissenschaftlichen Angeboten findet und ansonsten nicht einmal bei pädagogischen Angeboten erreicht wird. Nahezu 40% dieser Frauen sind als Hausfrauen (homecarer) ausgewiesen. Die hohe Frauenbeteiligung bei NEC ist sicherlich davon beeinflußt, daß keine technischen Lehrgänge im Angebot sind. Das NEC Programm weist aber ansonsten ein breites Spektrum von Angeboten und Bereichen auf. Bei aller gebotenen Vorsicht - um die Teilnahme an deutschen Fernkursen tatsächlich in Vergleich zu setzen, müßte eine genaue Analyse und Gegenüberstellung des Angebotes und der jeweiligen Frauenanteile erfolgen- weisen diese Daten auf eine deutlich größere Nutzung der Angebote durch Frauen hin, als sie im Durchschnitt in der Bundesrepublik festzustellen ist.

Dezentral umgesetzte nationale Programme zur Verbreitung von "Open Learning"

Neben der öffentlich geförderten oder unterstützten Etablierung zentraler Institutionen ist zu beobachten, daß "Open Learning" im Vereinigten Königreich durch großangelegte staatliche Initiativen vorangetrieben wurde und wird, die dezentral wirksam werden. Im Falle der *Open Tech Initiative* 1982-1987 war es das Ziel, möglichst viele Organisationen anzuregen, "offene" Lernmaterialien für die lokalen Arbeitsmarktbedarfe zu entwickeln. Im Falle der 1992-1995 durchgeführten nationalen Initiative *Open for Learning* wurden öffentliche Bibliotheken unterstützt, die als lokale Informationsstellen zur Information über individualisierte Lernsysteme dienen sollten.[18] Im Rahmen des Programmes konnten alle Bibliotheken während der Programmlaufzeit Zuschüsse für die Anschaffung von Materialien, die Fortbildung der MitarbeiterInnen und den Ausbau des Informationsservices zu "Open Learning" erhalten. Die 1992-1994 durchgeführte großangelegte Initiative *Open Learning Credits* förderte lokale Koordinationsstellen, die Arbeitslose dabei unterstützten, nach individuell zusammengestellten Lernprogrammen mit Open Learning Materialien zu lernen. Nach Auslaufen wurde die Initiative teilweise ins Bildungsangebot übernommen. Beispielhaft sollen zwei Initiativen ausführlicher dargestellt werden.

---

[18] Siehe Ausführungen in The Open Learning Directory 1993 S. xii.

Die Initiative Open Tech

Sie wurde 1982 durch die Manpower Service Commission (MSC) auf den Weg gebracht.[19] Hinter dem Begriff Open Tech Initiative verbarg sich ein System der Förderung und Bezuschussung von Institutionen und Initiativen, die "Open Learning"-Materialien für die berufliche Weiterbildung, vor allem für technische Berufe, entwickelten. 40 Millionen Pfund wurden dafür insgesamt für die fünfjährige Laufzeit zur Verfügung gestellt. Die geförderten Institutionen bekamen die Auflage, innerhalb dieses Zeitraumes wirtschaftliche Rentabilität zu erreichen. In der Folge und im Kontext dezentral festgelegter Weiterbildungsziele und -inhalte entwickelten Organisationen (z.B. Colleges) Materialien, die jeweils auf die lokalen Bedürfnisse und Planungen bezogen waren. Diese Materialien waren in aller Regel als Fernunterrichtsangebote gestaltet und organisiert. Sie ermöglichten beispielsweise Colleges, Teile des Aus- und Weiterbildungsangebotes auch in Form betreuter Fernkurse für Personen anzubieten, die nicht am Direktunterricht teilnehmen konnten (z.B. Erwerbstätige und Familienfrauen).

Es erwies sich im Nachhinein als problematisch, daß die einzelnen Aktivitäten nicht gesamtstaatlich bzw. zumindest auf Länderebene koordiniert und die angestrebten Qualifikationen nicht aneinander angeglichen wurden. Das Einzugsgebiet war für die einzelnen Organisationen zu klein, als daß sie sich nach Förderungsende 1987 mit ihrem "offenen" Angebot wirtschaftlich hätten behaupten können. Aufgrund der lokalen Beschränkung und des begrenzten Wirkungsgrades konnten die Angebote auch nicht, wie zunächst geplant, über einen nationalen Radiosender verbreitet und unterstützt werden. Einige Organisationen überlebten dennoch und konnten sich landesweit durchsetzen oder wurden als Entwicklungsabteilungen für "Open Learning" in staatliche/regionale Organisationen eingebunden.[20]

Die Initiative Open Learning Credits

Im Frühjahr 1992 wurde in einer Veröffentlichung der Regierung (Governments White Paper) mit dem Titel "People, Jobs and Opportunities" die Initiative Open Learning Credits angekündigt, die Arbeitslose zur Nutzung von "Open Learning"-Angeboten anregen sollte und eine finanzielle Förderung für TeilnehmerInnen vor-

---

[19] Die MSC stellte gewissermaßen die britische Arbeitsverwaltung dar. Sie war verantwortlich für staatlich geförderte Weiterbildungsprogramme in England, Wales und Schottland und für die Arbeitsvermittlung und -beratung insgesamt im Vereinigten Königreich. Inzwischen ist die MSC abgelöst durch die regional auf County-Ebene organisierten Training and Enterprise Councils (TECs).

[20] Siehe Sargant, N. 9/1992 S.17 ff.

sah.[21] Die British Asscociation for Open Learning (BAOL) hatte das Programm initiiert und begleitete es. Die staatliche Initiative wurde in England, Wales und Schottland unter Verantwortung der regionalen Arbeitsbehörden umgesetzt.[22] In insgesamt 19 Regionen wurden die Arbeitsbehörden dafür vom Employment Department mit Etats ausgestattet. 14 Pilotprogramme wurden von diesen Organisationen 1992-1994 entwickelt.

Das Employment Department hatte kurz-, mittel- und langfristige Ziele für das Programm Open Learning Credits festgelegt. Zu den kurzfristigen gehörten die Motivation von Erwerbslosen zu beruflicher Bildung und speziell zur Nutzung von "Open Learning"-Angeboten und die Hinführung zu anerkannten Zertifikaten.[23] Außerdem sollte getestet werden, ob sich "Open Learning"-Ansätze für die Qualifizierung von Erwerbslosen eignen und welche Rolle die Unterstützung durch Anleitung und Hilfestellung bei der Lernerfolgskontrolle spielt. Zu den mittelfristigen Zielen gehörte es, kostengünstiger zu qualifizieren, als dies über andere Wege möglich ist. Langfristig sollten damit Wege entwickelt werden, Qualifikationsengpässe schnell zu beheben, insgesamt zu besserer Qualifikation von Arbeitskräften beizutragen und beruflicher Bildung zu mehr Ansehen zu verhelfen.

Am Beispiel der Umsetzung in der Region South Glamorgan in Wales soll das Vorgehen beschrieben werden. Die regionalen Arbeitsbehörden beauftragten verschiedene Institutionen, in der Regel Institutionen der Erwachsenenbildung/ Weiterbildung, mit der Durchführung. Diese Institutionen boten individuelle Beratung für Interessierte an. Zugang zu den Pilotprogrammen hatten nur registrierte Arbeitslose bzw. besondere Zielgruppen innerhalb dieser Gruppe. In einem Beratungsgespräch wurde zunächst geklärt, welcher Bildungsbedarf vorlag und ob individualisierte Angebote darauf bezogen möglich schienen. Die Lernbedingungen und etwaige Unterstützungsmöglichkeiten wurden besprochen. Schien "Open Learning" sinnvoll, so stellen die BeraterInnen den Kontakt zu den Anbietern der entsprechenden Lernmaterialien her. In einem für alle Beteiligten verbindlichen Lernvertrag wurden dann die Lernziele, das Lernprogramm, die begleitende Unterstützung sowie die Lernfortschrittskontrolle festgeschrieben. Die BeraterInnen standen weiterhin als AnsprechpartnerInnen zur Verfügung, gegebenenfalls organisierten sie fachlich versierte AnsprechpartnerInnen in anderen Institutionen.
Der Lernort war nicht festgelegt, es konnte Zuhause oder in Lernzentren gelernt werden. Manche der Pilotprogramme stellten Mittel zur Verfügung, um Telefonbetreuung, Lerngruppen und Tutoren zu organisieren und zu finanzieren. Die einge-

---

[21] Siehe The Open Learning Directory 1993 S. xii.
[22] Es handelt sich in England und Wales um die Training and Enterprise Councils (TECs), in Schottland nennen sich die regionalen Arbeitsbehörden Local Enterprise Companies (LECs).
[23] Prüfungen zur Einstufung in das neue System der National Vocational Qualifications (NVQ), siehe Seite 83 ff.

kauften Lernmaterialien sollten später in Einrichtungen der Erwachsenenbildung, zum Beispiel in den Selbstlernzentren, über den Einzelfall hinaus weiter Verwendung finden.

Ein Zwischenbericht zum Verlauf des Programmes des mit der Gesamtauswertung betreuten Policy Studies Institute geht von über 2000 TeilnehmerInnen bis Januar 1994 aus. Der Zwischenbericht stützt sich auf die Beantwortung eines Fragebogens durch 600 TeilnehmerInnen, die vor November 1993 ins Programm gekommen waren. [24]

Der Frauenanteil bei den erfolgreich Befragten betrug 42%. Alle TeilnehmerInnen waren Langzeitarbeitslose, wobei die Frauen im Durchschnitt mit 24 Monaten 5 Monate länger arbeitslos waren als die Männer. Zwei Drittel der Antwortenden waren zwischen 25 und 44 Jahre alt.

91% hatten geantwortet, daß sie sehr zufrieden oder zufrieden mit ihrem Kurs waren und 85% antworteten, sie würden sich wieder für "Open Learning" entscheiden. Etwa 90% äußerten, daß sie über den gewählten Kurs die Gelegenheit hatten, das zu machen, was sie ursprünglich wollten und was zum Teil nicht über die üblichen Arbeitslosenprogramme möglich gewesen wäre.

Ein Teil der lokalen Arbeitsbehörden hat die Initiative nach Auslaufen des Programmes in ihr reguläres Angebot übernommen.

"Open Learning"-Angebote als zielgruppenorientierte Angebote

Unter den "Open Learning" Materialien, die im Vereinigten Königreich angeboten werden, gibt es neben den rein thematisch orientierten Materialien, anders als in der Bundesrepublik, eine beachtliche Palette von zielgruppenorientierten Materialien. Sie sollen "Open Learning" für Zielgruppen attraktiv machen, für die solche Lernsysteme bisher keine Alternative sind. Sie sollen außerdem Zielgruppen ansprechen, die bisher generell weniger in der Weiterbildung oder in bestimmten Bereichen der Weiterbildung vertreten sind. Dahinter steht auch die Idee, daß offene Lernsysteme für viel mehr Bevölkerungsgruppen relevant sein könnten, wenn diese Bevölkerungsgruppen entsprechend erreicht würden: nicht nur durch die Gestaltung der Angebote selbst, sondern auch durch die Gestaltung der Lernbedingungen. Als Beispiele sollen nachfolgend zielgruppenbezogene Angebote für Frauen, Bildungsungewohnte und gering Qualifizierte kurz beschrieben werden.[25]

---

[24] Auswertungsergebnisse des unveröffentlichten Berichts wurden mir von BOAL zur Verfügung gestellt.
[25] Alle im Folgenden benannten Kurse/ Materialien waren 1994 angeboten worden.

Angebote für Frauen

Frauenspezifische Bildungsangebote im universitären und außeruniversitären Bereich (Women Studies), die Lebenszusammenhänge von Frauen aufgreifen, Machtverhältnisse zwischen den Geschlechtern entschleiern und den Maßstab der männlichen Sichtweisen in Frage stellen wollen, haben im Vereinigten Königreich eine lange Tradition. Die von der starken Frauenbewegung vorangetriebene Antidiskriminierungspolitik schlug sich auch früh in einer Reihe von speziellen Weiterbildungsprogrammen nieder. Insofern ist es nicht verwunderlich, daß frauenspezifische Angebote sich auch bei den "Open Learning"-Materialien finden. Zu nennen sind hier einmal thematisch orientierte Angebote, die Frauen gezielt in bestimmten Bereichen fördern sollen: Lernpakete für Frauen, die Karriere in der Wirtschaft machen wollen (z.B. "Moving into Management, a Course for Women" des Open College), spezielle Programme für Frauen, die in naturwissenschaftliche Karrieren einmünden wollen (z.B. das Lernprogramm "Women into Technology" der Open University).

Darüber hinaus gibt es eine Reihe von orientierenden und stützenden Angeboten für Frauen, die sich in Umbruchphasen befinden, z.B. gezielte "Open Learning"-Pakete für Wiedereinsteigerinnen nach einer Familienphase. Beispiele dafür sind das umfangreiche Paket "Return to Work" des National Extension College, das "Welcome Back"-Paket des Arndale Centre oder die "Work Choises" und "Women Returners Schemes" der Open University mit fachlichen Anteilen für Frauen aus gewerblichen und technischen Berufsfeldern.

Angebote für Bildungs- bzw. Lernungewohnte

Gemeint sind hier spezielle Angebote unterschiedlicher Dauer und Anbieter für diejenigen, die lange nicht mehr mit schulischem bzw. systematischem Lernen in Berührung waren. Unter dem Stichwort "Lernen lernen" wollen diese Angebote zunächst Grundfähigkeiten zu systematischem Lernen vermitteln und unterstützen. Häufig wollen sie jedoch auch Einblick in mögliche Berufsfelder geben, Wege aufzeigen und helfen, eigene Grundlagen realistisch einzuschätzen. Sie können so Entscheidungen für Weiterbildungsmaßnahmen vorbereiten.

Besonders zu benennen sind neben den "Return to Learn"-Kursen die sogenannten "Access"-Kurse der Open University, die mit "Open Learning"- Materialien gezielt auf den Einstieg in ein Studium vorbereiten und Einblick in Studienfelder geben. Die Studiengänge der Open University sind zwar auch ohne formale Zugangsvoraussetzungen wie Hochschulreife zugänglich. Das Niveau ist jedoch universitären Anforderungen entsprechend hoch und erfordert entsprechende Grundlagen und Fähigkeiten. Zugangskurse für die Open University werden daher auch in Vollzeit und Teilzeit von Colleges angeboten. Viele der hier benannten "Open Learning"- Materialien sind in öffentlichen Bibliotheken und Lernzentren zu finden. Frauen, die aufgrund der Familie überwiegend oder teilweise nicht erwerbstätig waren und nun einen neuen Einstieg oder Möglichkeiten der Weiterentwicklung suchen, profitieren von diesen flexiblen vorbereitenden und orientierenden Angeboten. Sie erlauben ihnen, eine Einschätzung über Fähigkeiten und Erfordernisse vorzunehmen, bevor sie sich für ein thematisches Angebot entscheiden.

Angebote für gering Qualifizierte

In der Folge der Adult Literacy Campaign (1975-1978), die die Probleme vieler Menschen mit unzureichenden Grundlagenqualifikationen bezüglich des Wortschatzes, des Lesen und Schreibens in das öffentliche Interesse gerückt hatte,[26] wurden Selbstlernmaterialien auch für die Zielgruppe der in diesem Sinne gering Qualifizierten[27] vom "Adult Literacy and Basic Skills Unit", in der Folge mit der Abkürzung ALBSU benannt, entwickelt. ALBSU, staatlich gefördert und zugehörig zum renommierten, in England und Wales aktiven National Institute of Adult Continuing Education (NIACE), war im Zusammenhang mit der genannten Kampagne gegründet worden und sollte zunächst die Entwicklung von Angeboten für die Zielgruppe der Analphabeten oder schreib- und leseschwachen Erwachsenen, sowie die Schulung von Fachkräften für die Arbeit mit dieser Zielgruppe, vorantreiben. Nach der Kampagne weitete es sein Aufgabenfeld aus und entwickelte Materialien und Konzepte zur Vermittlung von Grundqualifikationen in Lesen, Schreiben, Rechnen und Computer- Anwendungen. Viele der von ALBSU veröffentlichten Materialien richten sich an ErwachsenenbildnerInnen oder sind zielgruppenbezogene Arbeitsmaterialien für Gruppenangebote.

Inzwischen werden Grundlagenqualifikationen (basic skills) nicht nur unter dem Allgemeinbildungsaspekt, sondern als Basis für berufliche Weiterbildung begriffen und diskutiert. Sie dienen als Bausteine für den Erwerb fehlender Schulabschlüsse oder als Voraussetzung für berufliche Weiterbildung. Das renommierte City and Guilds of London Institute - ein Institut der beruflichen Weiterbildung (siehe auch Seite79) - vergibt anerkannte Zertifikate für die sogenannten basic skills. ALBSU entwickelte Materialien, die zur Vorbereitung auf diese Prüfungen dienen sollen: für das Zertifikat "Numberpower" beispielsweise Materialien zur Verbesserung der

---

[26] Siehe Titmus, C., 1981, S. 48 ff. Es handelte sich um eine großangelegte nationale Kampagne zur Bekämpfung von Analphabetentum.

[27] Gemeint sind Menschen, die aufgrund ihrer Probleme keine Schulabschlüsse erworben haben und Menschen, die ungeübt und unsicher in den Grundlagenqualifkationen sind.

Fähigkeiten im Rechnen und für das Zertifikat "Wordpower" Materialien zur Verbesserung der Fähigkeiten in Wortschatz, Schreiben und Lesen. Diese sind auch als Selbstlernmaterialien zur Weiterbildung in Grundlagen verwendbar. Als "Open Learning"- Materialien werden sie vor allem in öffentlichen Lernzentren genutzt. Sie bestehen aus vielen kleinen Einheiten, die beliebig kombiniert und auch im Wechsel mit Unterricht eingesetzt werden können. In den Lernzentren werden sie zur selbständigen Erarbeitung meist von den pädagogischen MitarbeiterInnen je nach Fragestellung der Lernenden zusammengestellt.

ALBSU unterstützt auch die Vermittlung von Grundlagen im Umgang mit Computern. Auch hierzu gibt es Materialien, mit Hilfe derer sich Interessierte individuell Grundlagen in den Lernzentren aneignen können. Frauen, die zur Vorbereitung des beruflichen Wiedereinstiegs Computer- Kenntnisse erwerben wollen, profitieren vor allem von diesem "offenen" Angebot im Lernzentrum.

Die Gestaltung der Lernbedingungen: Lernzentren für individualisiertes mediengestütztes Lernen

Formen und Funktionen von Lernzentren

Neben Kursen in festen Gruppen gibt es traditionell im Vereinigten Königreich Bildungsangebote, in denen flexibler, und damit auch individualisierter, gelernt werden kann, indem die anbietenden Institutionen weitere Rahmen für Lernerlebnisse bereitstellen. Ein Teil der Erwachsenenbildungsangebote wird anders organisiert als auf dem klassischen Weg von Kursen in festen Gruppen. Viele der Institutionen in der Erwachsenenbildung bieten sogenannte "Drop-In"- Angebote an: Während bestimmter Öffnungszeiten kann mit bereitgestellten (Selbstlern)Materialien zu bestimmten Themen gearbeitet werden. Pädagogische MitarbeiterInnen stehen bei Fragen zur Verfügung. Ein anderes Beispiel sind Tutorien, die verabredet werden können (Learning by Appointment): In regelmäßigen Abständen können zusammen mit einer pädagogischen MitarbeiterIn individuelle Lernschritte ausgearbeitet und überprüft werden.

Die Studienzentren der Open University, die ebenfalls eine individuelle Lernplanung unterstützen, wurden bereits erwähnt. Sie sind meist in lokalen Bildungsinstitutionen untergebracht, manchmal nur zu bestimmten Zeiten offen, manchmal nur für Lerngruppen und Tutorien genutzt, manchmal als Lernbasis, an der Geräte und Materialien zur Verfügung stehen.

Seit einigen Jahren gibt es im Vereinigten Königreich eine Reihe von Lernzentren, die sich gezielt als Lernbasen für "Open Learning" anbieten. Das bedeutet, Interessierte können dort Ressourcen nutzen (Geräte, Materialien etc.), an Lerngruppen teilnehmen und sich Unterstützung für eine breite Palette von Lernzielen, vornehmlich im Rahmen beruflicher Weiterbildung, holen. Im Open Learning Directory sind unter dem Stichwort Support Services 166 sogenannte Delivery Centres aufgeführt, die in dieser Form als Lernzentren fungieren und sich oft Open Learning Centres nennen. Außerdem sind weitere 36 sogenannte Consultancies verzeichnet, die Unterstützung anbieten (z.B. Tutorien), aber meist keine Ressourcen zur Verfügung stellen. Ein Teil dieser Lernzentren ist privat. Deren Dienstleistungen sind entsprechend teuer und werden daher vor allem von Firmen für ihre MitarbeiterInnen genutzt.

Im Unterschied dazu bieten eine Reihe öffentlich geförderter Open Learning Centres ihre Dienstleistungen besonders günstig an, um bislang unerreichte Zielgruppen anzusprechen: Insgesamt 83 Open Learning Centres in England und Wales wurden in einer Pilotphase 1988-1992 über staatliche Mittel aufgebaut, um ganz

besonders Materialien im Bereich der basic skills bereitzuhalten. Über diese Zentren
sollte also individualisiertes und mediengestütztes Lernen an Menschen herangetragen werden, die eher niedrige schulische Ausgangsbedingungen mitbringen und
entsprechend Grundlagen verbessern wollen. Die Zentren bieten außerdem Tutorien
oder sonstige Unterstützung für darüber hinaus individuell mit Selbstlernmaterialien
oder Fernkursen Lernende an.

Die Zentren sind in zentralen Ladenräumen, in Büchereien, in Colleges und bei
Bildungsträgern eingerichtet worden; in Städten und auf dem Land, manche bewußt
in sozialen Brennpunkten oder Regionen/ Stadtteilen mit hoher Arbeitslosigkeit.
Die Arbeit der Zentren in der Pilotphase 1988 bis 1992 wurde von ALBSU ausgewertet.[28] Die Auswertung sollte Klarheit darüber schaffen, welche Schwerpunkte
und Zielgruppen sich herauskristallisieren und wie selbständiges und autonomes
Lernen sinnvoll gefördert werden kann. Es zeigte sich, daß die Zentren in stärkerem
Umfang genutzt wurden, als ursprünglich geplant. Auffällig ist auch die stärkere
Nutzung durch Frauen als durch Männer. Nach der Pilotphase arbeiteten alle Zentren weiter. Sie werden aktuell meist lokal/ regional bezuschußt.

Ich möchte im Folgenden die Arbeit eines dieser Zentren, das ich zweimal besuchen
und in dem ich hospitieren konnte, darstellen. Es erscheint mir als gut funktionierendes und, nach den ALBSU-Auswertungen, gewissermaßen "typisches" Open
Learning Centre. Daran läßt sich deutlich aufzeigen, in welcher Weise Lernbedingungen geschaffen werden, die "Open Learning" für Frauen attraktiv werden lassen.
Um die Arbeit dieses Zentrums darzustellen, greife ich auf eine auswertende Veröffentlichung des County of South Glamorgan von 4/ 1992 über die ersten drei Jahre
des Zentrums zurück sowie auf Informationen und unveröffentlichte interne Auswertungen und Berichte, die mir die Leiterin des Zentrums, Zena Cooper, zugänglich machte. Die folgenden Darstellungen beziehen sich auf die Situation 1994, die
Beschreibungen waren jedoch bei Drucklegung noch aktuell.

Das Open Learning Centre in Barry bei Cardiff

Die Rahmenbedingungen des Zentrums

Das Open Learning Centre in Barry bei Cardiff wurde im Oktober 1990 offiziell
eröffnet, nach mehr als einem Jahr praktischer und konzeptioneller Vorarbeit. Barry
ist eine Stadt mit 45000 EinwohnerInnen, etwa 10 km von Cardiff entfernt. Es ist
Verwaltungszentrum des Vale of Glamorgan, einer landwirtschaftlich geprägten,
dünn besiedelten Region, die ebenfalls zum Einzugsgebiet des Zentrums gehört.

---
[28] Adulat Litracy and Basic Skills Unit (ALBSU) 3/1992.

Barry war früher ein Zentrum des Kohleexportes, und ist heute ein Zentrum der Arbeitslosigkeit in der Region (15% Arbeitslosenquote 1994)
Das Open Learning Centre wird regional bezuschußt über das Further Education Funding Council und das Training and Enterprise Council (TEC) South Glamorgan und steht unter der Fachaufsicht der Local Education Authority (LEA). Weitere Einnahmen kommen aus Kursgebühren und der eher symbolischen Nutzungsgebühr von 3 Pfund für 3 Monate.

Lage und Ausstattung

Das Open Learning Centre ist sehr zentral und gut erreichbar in Barry gelegen, unweit des großen Aus- und Fortbildungszentrums der Region, des Barry College, mit dem das Zentrum zusammenarbeitet. Die Räume umfassen einen großen "Open Learning"-Bereich, einen weiteren großen Raum, der als Rezeption und Büro dient, einen Gruppenraum, eine kleine Küche, einen Materialraum und zwei kleine Räume für Gespräche oder Lerngruppen. Im "Open Learning"- Bereich stehen 8 vernetzte PC, Drucker, Kopierer, Regale und Hängeregister mit Lernmaterialien, Tische und Stühle. In der Rezeption gibt es zwei weitere PC-Arbeitsplätze und ein Datensichtgerät, über das Informationen zu Berufs- und Tätigkeitsfeldern sowie Kursangebote in der Region abgefragt werden können. Dort steht auch eine Sitzecke zur Verfügung.

Personal

Es gibt nur 1 1/2 feste Stellen: Die Leiterinnenstelle teilen sich zwei Pädagoginnen in Jobsharing, daneben gibt es eine halbe Verwaltungsstelle. Das Zentrum beschäftigt weitere pädagogische MitarbeiterInnen: 6 Teilzeit-TutorInnen auf der Basis stundenweiser Bezahlung und 8 ehrenamtliche TutorInnen. Diese haben in der Regel pädagogische Qualifikationen (z.B. als LehrerInnen) und werden zusätzlich durch die Leiterinnen und über Kurse geschult. Unter den Teilzeit-TutorInnen befinden sich Personen, die gezielt Angebote im Bereich der EDV-Qualifizierung machen und hierfür Materialien entwickeln.

Öffnungszeiten und Kinderbetreuung

Das Zentrum ist täglich von 9-16 Uhr (Freitags bis 12 Uhr) geöffnet und an zwei Abenden in der Woche von 19-21 Uhr. TutorInnen sind in der Regel von 10-15 Uhr sowie zu den Abendterminen anwesend. Kinder unter 5 Jahren[29] werden an einem Vor- und einem Nachmittag wöchentlich kostenlos im Zentrum betreut.

---

[29] Wichtig in diesem Zusammenhang : in England und Wales beginnt die Schulpflicht mit 5 Jahren; die Schulen haben Vor- und Nachmittagsunterricht. Dagegen gibt es kaum öffentliche, kostengünstige Kinderbeteuungsangebote für Kinder unter 5 Jahren. Dies muß in der Regel privat organisiert werden.

Das Angebot und die Arbeitsweise des Zentrums

Der Selbstlernbereich
Im Zentrum stehen Selbstlernmaterialien zur Verfügung, mit denen Kenntnisse in Rechnen, Schreiben und Lesen erworben bzw. verbessert werden können. Pädagogische MitarbeiterInnen (Tutors) sind hierfür täglich in den offenen sogenannten English and Math Workshops ansprechbar. Ein Teil der Materialien bereitet auf schulische Abschlüsse vor.[30] Außerdem gibt es Materialien zum Thema "Lernen lernen", Bewerbung, Selbstsicherheit und Berufswegplanung. Computerlernprogramme stehen zur Einführung, zur Aneignung einer breiten Palette von Anwendungsprogrammen und zur Aneignung von Programmiersprachen zur Verfügung. Es gibt an 4 Tagen in der Woche freien Zugang zu den Computern. Auch hierbei unterstützen bei Bedarf pädagogische MitarbeiterInnen.

Es ist das Hauptziel, daß die NutzerInnen des Zentrums ihre Lernziele möglichst selbständig verfolgen. Damit dies gelingt, findet mit neuen LernerInnen/ InteressentInnen immer ein Einführungsgespräch statt. Dabei können das Lerninteresse und der aktuelle Stand geklärt und die Lernschritte besprochen werden. Zum Teil finden Tests statt. Materialien werden vorgeschlagen bzw. besprochen. Eine TutorIn wird die HauptansprechpartnerIn, die in regelmäßigen Abständen (idealtypisch etwa alle 8 Wochen) Auswertungen mit der LernerIn durchführt. Dies soll Verbindlichkeit schaffen. Die Lernschritte werden schriftlich festgehalten, ebenso die Anwesenheitszeiten im Zentrum. Häufig werden am Anfang Lernschritte in kürzeren Abständen besprochen. Nicht zu unterschätzen ist aber auch die gegenseitige Unterstützung der einzelnen NutzerInnen bei auftretenden Problemen oder Fragen. Manche lernen auch punktuell mit anderen zusammen. Intensive Einzelbetreuung durch pädagogische MitarbeiterInnen ist nur in Einzelfällen durch Ehrenamtliche möglich. Ziel ist es auch hier, möglichst selbständiges Erarbeiten von Inhalten zu fördern.

Zielgruppenspezifische Angebote/ Gruppenangebote
Neben dem offenen Lernangebot gibt es einige feste Gruppenangebote, die in der Regel zielgruppenspezifisch ausgerichtet sind: 1993 liefen Orientierungskurse für Wiedereinsteigerinnen nach einer Familienphase und Englischkurse für Migrantinnen. Mit diesen Angeboten waren die Zeiten der Kinderbetreuung besonders abgestimmt. Es gibt auch EDV-Kurse zu Einführung und Textverarbeitung, meist ebenfalls zielgruppenbezogen ausgerichtet. Obwohl Gruppenangebote, dienen sie vor allem der Einführung in die Arbeit mit Selbstlernprogrammen. Beispielsweise wird ein Textverarbeitungskurs speziell für Wiedereinsteigerinnen nach einer Familienphase angeboten. Die Kurse sind teils über Sonderprogramme bezuschußt, teils

---

[30] In der Regel auf Externenprüfungen für das General Certificate of Secondary Education (Entsprechung zum Hauptschulabschluß, siehe auch Seite 76).

müssen sie durch Beiträge finanziert werden.[31] Die organisierten Gruppenangebote werden mit dem Ziel gemacht, Ängste gegenüber individualisiertem Lernen abzubauen und Gruppen anzusprechen, die bisher nicht erreicht werden. Feste Lerngruppen-Termine gibt es darüber hinaus für diejenigen, die sich auf Abschlüsse vorbereiten.

Beratung im Rahmen der Initiative Open Learning Credits
Seit April 1993 war das Zentrum eine der Koordinationsstellen für die beschriebene Initiative Open Learning Credits in der Region South Glamorgan. 1993/94 nutzte daher eine Reihe von Arbeitslosen das Zentrum als Lernbasis und absolvierte berufsbezogene Fernkurse, z.B. zum Erwerb qualifizierter beruflicher Abschlüsse. Die Materialien verblieben hinterher zur weiteren Nutzung im Zentrum. Nach Auskunft der Zentrumsleiterin waren zwischen April und November 1993 ca. 60- 80 Personen über das Open Learning Centre in Barry in das Programm Open Learning Credits vermittelt worden. Die Betreuung erfolgte jedoch zum Teil durch andere Organisationen, zum Beispiel die Open University.

Weiterbildungsberatung
Einmal wöchentlich an einem Nachmittag kommt eine Beraterin der Weiterbildungsberatungsstelle in Cardiff,[32] die kostenlos zu Fragen der beruflichen Weiterbildung, zu möglichen Zuschüssen dafür und zu Berufs- und Tätigkeitsbildern berät. Dieses Angebot wird auch von vielen wahrgenommen, die das Zentrum bisher nicht nutzen und es auf diesem Wege kennenlernen, z.B. Arbeitslose, die von der Arbeitsvermittlung an das Zentrum verwiesen werden.

Die Nutzung des Zentrums durch Frauen[33]

Das Lernzentrum wird ganz überwiegend (zu ca. 90%) von BewohnerInnen der der Stadt Barry genutzt und nur zu einem geringen Anteil von BewohnerInnen des Vale. Viele der NutzerInnen kommen durch Mund-zu-Mund-Propaganda in das Zen-

---

[31] Der EDV-Kurs für Wiedereinsteigerinnen ist ein Beispiel für einen nicht bezuschußten Kurs. Die Teilnehmerinnen bezahlten 20 Pfund für den Kurs, der über 10 Wochen 2mal wöchentlich stattfand.
[32] Die Organisation "New Pointers" ist öffentlich gefördert und nimmt in South Glamorgan die Funktion der deutschen Arbeitsberatung durch Arbeitsämter wahr.
[33] Alle in diesem Unterkapitel verwendeten Daten stammen aus der internen Statistik des Open Learning Centres Barry, die mir von der Leiterin des Zentrums zur Verfügung gestellt worden ist. bzw. wurden von mir auf der Grundlage dieser Daten errechnet (Prozentangaben). In der Statistik werden neben Name und Adresse aller bisherigen NutzerInnen persönliche Daten standardisiert erfaßt (Alter, Beschäftigungsstatus, Zugang zum Zentrum, Lerninteresse).

trum. Wenngleich die durchschnittliche Nutzungsdauer 2 Stunden pro Woche beträgt, variiert die Anwesenheit der Einzelnen beträchtlich, ebenso die Gesamtnutzungsdauer.

Obwohl das Zentrum ursprünglich nur für 250 NutzerInnen pro Jahr geplant worden war, weist die interne Auswertungsstatistik, über die alle Lernenden erfaßt sind, von Oktober 1990 bis Oktober 1993 insgesamt 923 NutzerInnen aus. 645 davon - das entspricht einem Anteil von 70%- sind Frauen. Sie nehmen das Lernzentrum damit deutlich mehr wahr als Männer. Dies ist nicht nur in Barry so, doch ist dort der Anteil der Frauen besonders hoch. Er betrug ansonsten im Durchschnitt aller Zentren 53%.[34] Es kommen Frauen aller Altersgruppen, wobei die untenstehende Grafik deutlich macht, daß Frauen unter 26 Jahren weniger häufig vertreten sind.

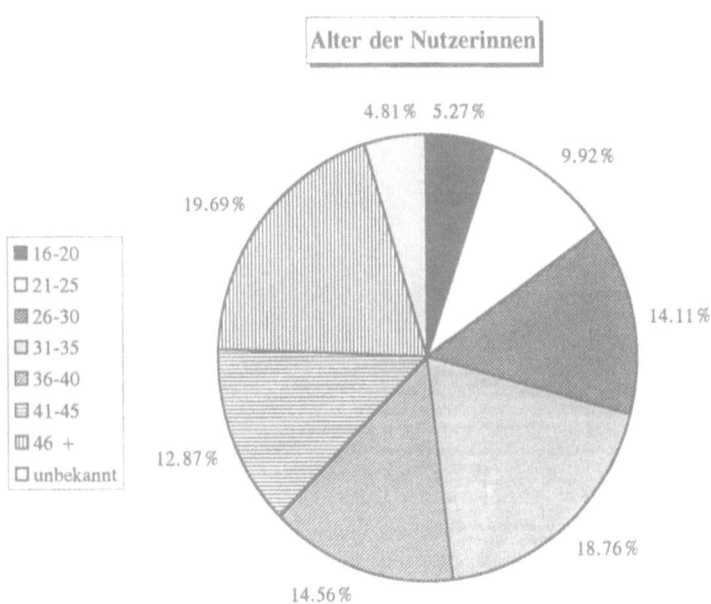

Es ist nicht erfaßt, wieviele der Frauen im Open Learning Centre in Barry Wiedereinsteigerinnen sind: Die Kategorien, nach denen die Daten aufgeschlüsselt sind, lassen dies nicht ganz deutlich werden. Zwar gibt es die Kategorie "Homecarer", in

---

[34] ALBSU, 3/93, S. 6

der Hausfrauen erfaßt sind (1).³⁵ Diese Gruppe umfaßt 22% der Frauen im Zentrum. Nach Einschätzung der Leiterin befinden sich jedoch viele Wiedereinsteigerinnen nach einer Familienphase unter den Arbeitslosen (4) und den Frauen, die sich als Teilzeitbeschäftigte benannt haben (2). Als Teilzeitarbeit werden auch stundenweise Beschäftigungen bezeichnet, wie sie häufig von Frauen zur Aufbesserung des Familieneinkommens angenommen werden. Diese drei Gruppen machen nahezu 3/4 der Nutzerinnen aus.

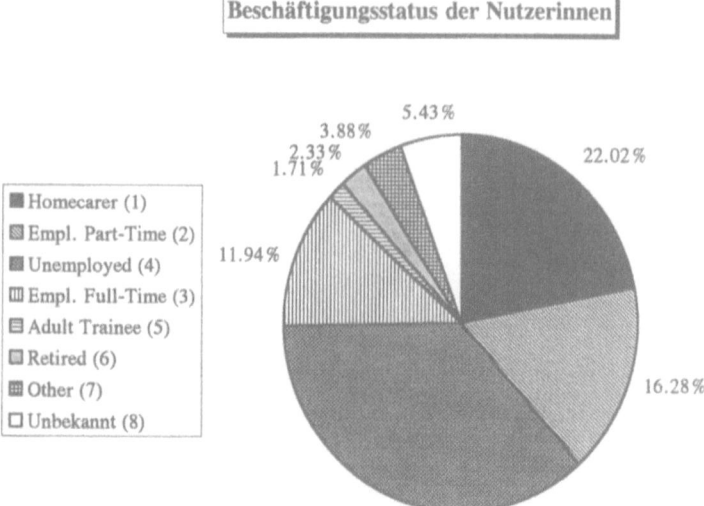

Daß viele der Frauen Kinder zu versorgen haben/ hatten, kann zum einen vermutet werden, nachdem nur ein geringer Anteil der Frauen in Vollzeit beschäftigt ist. Zum zweiten legt die Altersstruktur das nahe: 2/3 der Frauen sind mindestens 31 Jahre alt. Auch aus den Lerninteressen der Frauen ergeben sich Hinweise, daß sie an der Auffrischung bzw. Erweiterung beruflich orientierter und beruflich verwertbarer Kenntnisse interessiert sind. So kamen beispielsweise 60% der Frauen gezielt, um sich Kenntnisse am Computer anzueignen.

Es liegt auf der Hand, daß die Rahmenbedingungen, die das Lernzentrum bietet, sehr attraktiv für Frauen sind: niedrige Kosten, zentrale Lage, flexible Öffnungszei-

---

³⁵ Alle Prozentangaben basieren auf der Auswertung der Daten der 645 Frauen, die zwischen Oktober 1990 und Oktober 1993 im Zentrum waren.

ten, der Charakter des Begegnungszentrums, in dem in angenehmer Atmosphäre gearbeitet wird und die angebotene kostenlose Kinderbetreuung. Daß der Frauenanteil in Barry besonders hoch ist, kann sicherlich auch auf die genannten Zielgruppenangebote an Frauen zurückgeführt werden. Es scheint eine wichtige Rolle zu spielen, daß neben dem offenen Angebot Gruppenangebote gemacht werden. Damit können Frauen angesprochen werden, die dem offenen Angebot skeptisch gegenüberstehen. In einem gemeinsamen Rahmen wird hier die Vermittlung von Inhalten durch TutorInnen verbunden mit dem selbständigen Erschließen von Inhalten mittels Selbstlernmaterialien durch die Teilnehmerinnen. So bietet sich die Gelegenheit, "Open Learning" kennenzulernen. Manche der Frauen hätten vielleicht den Weg ins Zentrum ohne ein Gruppenangebot nicht oder nicht so schnell gefunden.[36]

---

[36] Dieser Eindruck verstärkte sich noch durch Äußerungen von drei Frauen, die als Hausfrauen an dem Gruppenangebot zur Einführung in die Textverarbeitung teilnahmen und mit denen ich Interviews (hier nicht gesondert ausgewertet) durchführen konnte. Sie waren alle neu im Zentrum, das sie aber schon länger kannten. Sie betonten, daß sie nur aufgrund des Gruppenangebotes gekommen waren. Alle drei konnten sich aber vorstellen, nach dem Kurs individuell im Zentrum weiterzulernen.

"Open Learning"-Angebote im Kontext des britischen Bildungs- und Beschäftigungssystems

Die Verbreitung von individualisierten Lernsystemen im Vereinigten Königreich wird durch politische Akzentsetzungen, die sich in staatlichen oder staatlich unterstützten öffentlichen Initiativen ausdrücken, gefördert. Die Entwicklungen in Richtung auf eine bedürfnisbezogene Gestaltung von Lernbedingungen und ein gut ausgebautes Unterstützungssystem scheinen eine wichtige Rolle für die Nutzung der Lernsysteme durch Frauen zu spielen. Doch die Popularität von "Open Learning" im Vereinigten Königreich muß auch im Zusammenhang mit dem Bildungs- und Beschäftigungssystem untersucht werden, in das diese Lernsysteme integriert sind. Mir geht es dabei um Voraussetzungen, die eine gute "Passung" oder Integration dieser Lernsysteme ermöglichen, um die Frage, wie sich individualisierte Formen des Erwerbs von Qualifikation in bestehende Strukturen des Bildungs- und Beschäftigungssystems einfügen. Ich möchte mich im Folgenden daher auf die Frage des Erwerbs von Qualifikationen, vor allem beruflich orientierten, und auf die Frage der Verwertbarkeit von erworbenen Kenntnissen im Beschäftigungssystem konzentrieren. Die Strukturen - dezentrale Organisation des Bildungswesens und geringe Formalisierung in der schulischen Bildung und der beruflichen Aus- und Weiterbildung - sollen in Bezug zur Funktion im Beschäftigungssystem gesetzt werden.

Qualifikationserwerb im dezentral organisierten Bildungssystem

Ich konzentriere mich bei der Beschreibung des Bildungssystems vor allem auf England und Wales. Die Systeme in Nordirland und in Schottland unterscheiden sich in mancher Hinsicht davon, z.T. auch in der bildungsspezifischen Terminologie, da die Länder sehr weitgehende Kompetenzen in Bildungsfragen haben.[37]

Das Bildungs- und Weiterbildungssystem ist im Vereinigten Königreich aus deutscher Sicht extrem dezentral ausgerichtet und weist wenig Formalisierung auf im Sinne einer Festlegung und Regelung verbindlicher inhaltlicher Standards und Qualifizierungspfade. Das betrifft vor allem den Bereich der beruflichen Bildung, doch auch den Primar- und Sekundarbereich. Es gilt außerdem nicht allein für die Ausgestaltung des Bildungswesens in den vier Ländern, sondern auch für die regio-

---

[37] Eine differenzierte Darstellung der Unterschiede in den einzelnen Ländern des Vereinigten Königreiches findet sich in der vergleichenden Broschüre der Kommission der Europäischen Gemeinschaften, 1991 a). Zweite Auflage: 1995

nale und lokale Ausgestaltung, die stark differieren kann. In den Ländern gibt es zentrale Behörden, die gemeinsame Zielsetzungen und Mindestnormen für die jeweiligen Länder festlegen können.[38]

Die inhaltliche Zuständigkeit für den größten Teil des außeruniversitären Bildungsangebotes und für die Dienstleistungen im Bildungsbereich liegen jedoch nicht bei den zentralen Behörden, sondern bei den lokalen Bildungsbehörden, den Local Education Authorities, in der Folge LEA abgekürzt. Die LEAs sind für die Schulen des Primar- und Sekundarbereichs ebenso zuständig, wie für die sogenannten Further Education-Einrichtungen. Der Begriff Further Education bezeichnet die gesamten Aus- und Weiterbildungsgänge nach Ende der Schulpflicht (Schulpflicht ist in allen Ländern von 5-16 Jahren). Eingeschlossen ist hierbei auch der Bereich der Erwachsenenbildung. Ausgenommen ist das universitäre Bildungsangebot, das mit dem Begriff Higher Education zusammengefaßt wird. Die LEAs sind auch zuständig für die Mittelverteilung[39] und für die Stipendienvergabe - hier auch für StudentInnen der Higher Education-Einrichtungen.

Schulische Qualifikation

Auf den Erwerb schulischer Qualifikation (Schulabschlüsse) soll kurz eingegangen werden: zum einen, weil schulische Qualifikation im Vereinigten Königreich auch deutliche Bezüge zu beruflichen Chancen aufweist, zum anderen, um die durchgängige Linie geringer Formalisierung zu veranschaulichen. Hier wurden allerdings bereits Reformen in Richtung auf eine stärkere Standardisierung wirksam. Seit dem Bildungsreformgesetz 1988 gilt für England und Wales je ein gemeinsames Curriculum für Kernfächer in den Schulen, das einheitliche Inhalte für Absolventen jeder öffentlich geförderten Schule eines bestimmten Schultyps vorsieht. Bis zu diesem Zeitpunkt aber war es jeder Schule mehr oder weniger freigestellt, was sie wie und in welchem Umfang unterrichtete. Das galt für die Schulen im Primar- und Sekundarbereich ebenso wie für die Colleges im Bereich der Weiterbildung.[40]

Geringe Formalisierung gibt es nach wie vor bei den Leistungsanforderungen während des Schulbesuches. Im Sekundarbereich (ab 11 Jahren) besuchen die schulpflichtigen Kinder/ Jugendlichen in England und Wales zu 90% sogenannte Comprehensive Schools. Dies sind Gesamtschulen, in denen keine Selektion nach

---

[38] In England ist es das Department of Education and Science, in Wales das Welsh Office.
[39] Mit Einschränkungen: seit 1993 gibt es spezielle Further Education Funding Councils, die die Mittelvergabe für Colleges und Erwachsenenbildung regeln (inhaltlich sind für beides noch die LEAs zuständig).
[40] Dies ist in Schottland nach wie vor so, wo es lediglich Lehrplanempfehlungen gibt. In Nordirland wurde es wie in England und Wales 1989 geändert.

Leistung stattfindet. Am Ende jedes Schuljahres erfolgt automatisch die Versetzung in die nächste Klassenstufe. Nur wenige Kinder besuchen die selektiven Schulen, die Secondary Modern oder Grammar Schools.[41]

Am Ende der Schulpflicht stehen Prüfungen an, die nicht von den Schulen selbst, sondern von übergeordneten Körperschaften (inzwischen noch insgesamt 5 in England und Wales) abgenommen werden. Durch die Anforderungen an diese Abschlußprüfungen kann indirekt Kontrolle und Einfluß von außen, z.B. durch die zentralen Behörden, auf den Lehrplan ausgeübt werden. Mittels der Prüfung kann das "General Certificat of Secondary Education" (GCSE) erworben werden, das erst 1988 aufgrund der Bemühungen um einheitlichere und höhere Standards entwickelt wurde. Die SchülerInnen wählen dabei weitgehend selbst die Art und Anzahl der Fächer aus, für die sie Prüfungen ablegen.[42]

Nach der Schulpflicht kann die Schule weiter besucht werden, um nach zwei weiteren Jahren sogenannte GCE A-Level-Prüfungen(General Certificat of Education, advanced level) abzulegen, die den Weg zum Hochschulbesuch bzw. zu besonders qualifizierten Ausbildungen ermöglichen. Die Prüfungen sind in beliebiger Anzahl und Fächerkombination möglich, es gilt die Faustregel, daß für die Universitätszulassung zwei A-Level- Zertifikate, d.h. bestandene Prüfungen in zwei Fächern, erforderlich sind. A-Level- Zertifikate sind auch für die Polytechnics (Fachhochschulen) und manche berufsbildenden Colleges notwendig. Die Vorbereitung auf A-Level-Prüfungen ist über verschiedene Schultypen möglich.[43]

Qualifizierung zur Vorbereitung des Berufseintritts

Die Vorbereitung auf eine Berufstätigkeit ist insgesamt sehr viel weniger formalisiert und normativ geregelt als in der Bundesrepublik, wo Wege und Inhalte über die Berufsschulpflicht und das dominierende duale System der Berufsausbildung stark vorgegeben sind. Eine in Teilaspekten der dualen Berufsausbildung ähnliche Ausbildungsform ("Apprenticeship") gab es in der Vergangenheit im Vereinigten Königreich nur für den Produktionsbereich, wurde aber während der Thatcher-Ära weitgehend abgeschafft. Diese Ausbildungsform enthielt allerdings keine einheitli-

---

[41] In Schottland besuchen 99% der Kinder dieser Stufe die Comprehensive Schools; nur in Nordirland herrschte bislang ein selektives Schulsystem, das aber seit der Bildungsreform 1989 umgebaut wird.

[42] Das GCSE löste ab Herbst 1989 schrittweise die Alternativen General Certificate of Education und Certificate of Secondary Education ab, die Anforderungen durch Prüfungen und die Vergabe sogenannter Ordinary-level-Zertifikate (O-levels) dezentraler und niedriger im Niveau geregelt hatten.

[43] Detaillierte Darstellungen in: Kommission der Europäischen Gemeinschaften, 1991 a) S 180ff.

chen Anforderungen und Prüfungen am Ende und war insgesamt nur für einen geringen Teil der Jugendlichen zugänglich.[44]

In den allgemeinbildenden Schulen, die zu GCSE- und A-Level-Abschlüssen führen, steht die Vorbereitung auf den Berufseintritt nicht auf dem Lehrplan. Allerdings bieten die LEAs in den letzten Jahren verstärkt Programme für Schulen und Colleges an, organisieren beispielsweise EDV-Kurse und Betriebspraktika oder ermöglichen berufsbezogene Zertifikate neben den allgemeinbildenden Schulabschlüssen.[45]

Klassisch wird berufliche Bildung für Jugendliche über die schulischen Further-Education-Einrichtungen angeboten, in der Regel über die Colleges. Sie erfordern den GCSE-Abschluß und bieten neben allgemeinbildenden Bildungsgängen eine breite Palette beruflicher Grundlagen und Weiterbildung auf verschiedenen Niveaus und in unterschiedlichem Umfang an. Über Inhalte und Umfang der angebotenen Ausbildungsgänge und Weiterbildungskurse konnten die Schulen bislang sehr selbständig entscheiden, da die Berufsbilder nicht formal und normativ festgelegt sind, und auch keine einheitlichen Standards zugrunde liegen.

Viele britische Jugendliche versuchen sich nach dem Ende der Schulpflicht ohne weitere Ausbildung auf dem Arbeitsmarkt und lassen sich anlernen. Bis vor wenigen Jahren war dies einer der gebräuchlichsten Wege in die Erwerbstätigkeit: In einer auf englischen Zahlen basierenden Untersuchung[46] ist für das Jahr 1984 die Gruppe der 16-18jährigen, die bereits in Erwerbstätigkeit oder ohne Qualifizierungsmaßnahme arbeitslos waren, mit 51% angegeben. Weitere 10% befanden sich in Youth Training Schemes der Arbeitsverwaltung, der Rest in Colleges (davon 9% in Teilzeitcolleges). Das heißt, über die Hälfte der SchulabgängerInnen durchlief nach der Schulpflicht keinerlei berufsqualifizierende Lehrgänge.

Der Anteil an Jugendlichen, die in irgendeiner Weise eine Qualifizierung nach Schulabschluß durchlaufen, hat sich inzwischen erhöht, da vermehrt auf systematische Qualifizierung und höhere Standards gesetzt wird. Die Youth Training Schemes zeugen davon. Es handelt sich dabei um über das Arbeitsministerium und die Training and Enterprise Councils (TECs) organisierte Bildungsprogramme für Jugendliche im Anschluß an die Schulpflicht. Sie vermitteln in ein bis zwei Jahren berufliche Grundlagen für eine Palette von Tätigkeitsfeldern, häufig in einer Kom-

---

[44] Eine Vergleichsuntersuchung zur deutschen Lehre und der britischen Apprenticeship findet sich in CEDEFOP, 1986.
[45] Dies geht zurück auf die bereits seit 1983 laufende staatliche Initiative zur technischen und beruflichen Bildung (TVEI: Technical and Vocational Education), die die Einbeziehung technischer Inhalte und beruflich nutzbarer Schlüsselqualifikationen in den Unterricht fördert. Ausführungen dazu in Kommisssion der Europäischen Gemeinschaften, 1991, S. 191 ff.
[46] CEDEFOP, 1985, S. 35; Quellenangabe für die Daten: Department of Education and Science, London.

bination von Unterricht und Einsatz im Betrieb. Sie wurden massiv ausgeweitet,[47] vermutlich auch als Reaktion auf die hohe Jugendarbeitslosigkeit im Vereinigten Königreich.

Für die Studiengänge an den Universitäten gilt, daß sie klassisch stark geistes- und naturwissenschaftlich ausgerichtet sind. Sie vermitteln kaum direkt umsetzbare beruflich bezogene Inhalte. Dennoch haben Universitätsabschlüsse bislang einen sehr positiven Einfluß auf die Gestaltung beruflicher Chancen in der Wirtschaft. Die Universitäten sind unabhängige Körperschaften, die ihre eigenen Zertifikate nach 3-4jährigen Studiengängen vergeben. Sie werden durch die Polytechnics, Fachhochschulen, ergänzt, die enger auf berufliche Tätigkeiten hin und stärker im technischen Bereich ausbilden.

Die Tradition des individualisierten Erwerbs von Abschlüssen

Wenn von einer geringen Formalisierung bei schulischen oder beruflichen Abschlüssen gesprochen wird, so heißt das nicht, daß Abschlüssen und Zertifikaten keinerlei Wert beigemessen wird. Schulabschlüsse, vor allem den A-Level- Zertifikate, wurden auch in der Vergangenheit durchaus hoch bewertet. Sie entschieden und entscheiden über Chancen, mindestens über Zugänge zu formalen Ausbildungs- und Studiengängen. Doch kann die Auswahl der Fächer und die Entscheidung über den Umfang der Fächer sehr individuell getroffen werden. Für jedes Fach wird gewissermaßen ein gesondertes Zertifikat vergeben. Es kommt auch nicht darauf an, auf welchem Weg Kenntnisse dafür erworben werden - es gilt das Prinzip der vielen Alternativen.

Traditionell führen im Vereinigten Königreich viele Wege zu Abschlüssen. Kenntnisse können auf der Basis unterschiedlicher Vorgehensweisen, mittels unterschiedlicher Methoden und Lernsysteme erworben werden. Bereits für den Bereich der schulischen Abschlüsse gilt eine Reihe von Varianten neben dem klassischen Weg, der mit 16 Jahren am Ende der Sekundärbildung zum GCSE-Zertifikat und mit 18 Jahren zu den A-Level-Abschlüssen führt. Wer schneller lernt oder langsamer, kann diese Abschlüsse (oder als gleichwertig anerkannte) beispielsweise früher oder später machen. Viele Erwachsene nehmen diese Prüfungen ebenfalls wahr und bereiten sich auf die Fächer, für die sie die Prüfungen machen wollen, außerhalb der Schule vor, z.B. durch Fernlehrgänge. Sie tun es häufig mit dem Ziel, sich bessere Voraussetzungen, etwa für einen College-Besuch zu schaffen. Zur Illustration des dafür notwendigen Aufwandes hier ein Beispiel: Institute wie das vorne dargestellte National Extension College (NEC) bieten Vorbereitungskurse jeweils für die ein-

---

[47] Nach Angaben in Kommission der Eurpäischen Gemeinschaften, 1991 a) S. 196 nahmen 1990 400000 Jugendliche teil.

zelnen Fächer an; jeder Kurs bereitet den kompletten Stoff für die Prüfung in einem Fach auf. GCSE-Prüfungen erfordern einen Lernaufwand von ca. 150-180 Studen pro Fach. Je nach Lernaufwand und Anzahl der Fächer läßt sich der Stoff also in kürzerer oder längerer Zeit bewältigen: Bei einem Fach und einem Lernaufwand von nur 4 Stunden pro Woche beispielsweise in etwa einem Jahr. Für eine A-Level-Prüfung ist ein höherer Aufwand nötig: ca. 300-360 Stunden pro Fach. Wer sich in einem Jahr auf die A-Level-Prüfung in einem Fach vorbereiten will, muß also Lernzeiten von ca. 6 Stunden pro Woche einplanen.[48]

Auch bei den beruflichen Abschlüssen gibt es durchaus Formalisierungen, die sich sozusagen am Markt entlang entwickelt haben. Eine Reihe von Instituten fungiert als Prüfungsorgan und verleiht berufliche Abschlüsse nach Externenprüfungen. Wenngleich berufliche Abschlüsse im Vereinigten Königreich nicht als zentraler Schlüssel zu Tätigkeiten gewertet werden können, sind sie nicht unbedeutend für das berufliche Weiterkommen und waren es auch in der Vergangenheit nicht. Mangels staatlicher bzw. einheitlicher Regelungen waren und sind Abschlüsse/ Zertifikate so angesehen wie die Institute, die sie als Prüfungsorgane verleihen. Eine Besonderheit dieser Institute ist, daß sie selbst meist keine Aus- oder Weiterbildungskapazitäten haben, sondern über die Externenprüfungen lediglich Kenntnisse abprüfen, die auf anderen Wegen erworben worden sind. Teilweise entwickeln sie Kurse, die dann von verschiedenen Institutionen durchgeführt werden. Eine Reihe von Instituten verleiht extern sehr angesehene berufliche Abschlüsse, die die beruflichen Chancen positiv beeinflussen und für die die Standards im jeweiligen Institut entwickelt werden. Zu nennen sind hier vor allem

- das *City and Guilts of London Institute (C&G)*, das seit über 100 Jahren existiert und als wichtigste Körperschaft für auf nationaler Ebene anerkannte Aus- und Weiterbildungen im gewerblich-technischen und im kaufmännischen Bereich gilt. C&G hat Kurse entwickelt und zertifiziert Kenntnisse angefangen von Basisqualifikationen bis zu Qualifikationen auf Hochschulniveau.
- die *Royal Society of Arts (RSA)* , eine ebenfalls über 100 Jahre alte Einrichtung, die für die Bereiche Handel, Sekretariat, Büroberufe, Fremdsprachen und öffentliche Verwaltung Zertifikate verleiht
- das *Business and Technician Education Council (BTEC)*, das Diplome in wirtschaftlichen und technischen Fächern vergibt, ebenfalls auf verschiedenem Niveau bis hin zum Hochschulniveau.

---

[48] Bei NEC beträgt die maximale Bearbeitungszeit pro Fach 3 Jahre. Dieser Zeitraum kann unterbrochen oder verlängert werden. Die Kosten pro Kurs (Fach) betragen bei NEC 1996 210 Pfund für GCSE-Kurse und 250 Pfund für A-Level-Kurse und umfassen Materialien und Betreuung. (Angaben nach NEC-Broschüre „Guide to Courses 1996/97"). Es ist also möglich, sich die Zugangsberechtigung zu einem Studium - 2 A-Level-Zertifikate - in relativ kurzer Zeit und mit einem finanziellen Aufwand von maximal 1000 DM zu erarbeiten.

- die *London Chamber of Commerce (LCCI)* für die Bereiche kaufmännische Tätigkeiten und Fremdsprachen.

Die Externenprüfungen beziehen sich auf einzelne Kenntnisse, Bausteine oder komplexe Ausbildungsgänge, die zertifiziert werden. Die Zulassung zur Prüfung und die Vergabe des Zertifikates war bislang in aller Regeln nicht an vorgeschriebene Praxiszeiten und praktische Tätigkeiten gebunden. Es mußten bisher lediglich die erforderlichen Kenntnisse/ Kompetenzen in der Prüfung nachgewiesen werden. Die Prüfungszulassung ist nach wie vor unabhängig davon, wie die Kenntnisse erworben werden. Die Qualifizierungswege spielen keine Rolle für die Zulassung. Viele unterschiedliche Institutionen bereiten auf unterschiedlichen Wegen darauf vor. "Open Learning"- und Fernunterrichtsmaterialien gibt es dazu ebenso wie Voll- oder Teilzeitkurse an Colleges oder in Erwachsenenbildungsinstitutionen. Um den Aufwand zu verdeutlichen, hier ein Beispiel: RSA nimmt anerkannte Buchhaltungsprüfungen in 3 Stufen ab (elementary, intermediate und advanced level), auf die beispielsweise Ferninstitute vorbereiten. Die Vorbereitungszeit für Stufe 1 (keinerlei Vorkenntnisse erforderlich) ist in einem NEC-Kurs mit 90-120 Stunden veranschlagt. Für die höheren Stufen sind je etwa 180 Stunden Vorbereitungszeit nötig.[49]

Externenprüfungen haben auch im akademischen Bereich eine lange Tradition. Die University of London beispielsweise wurde 1836 als reines Prüfungsorgan gegründet und verlieh akademische Grade nach Externenprüfung. Sie nahm erst viel später einen eigenen Lehrbetrieb auf - teils über Fernstudienkurse. Sie prüft auch heute im großen Umfang Externe, die einen akademischen Grad erlangen wollen und sich anders als durch den Besuch der Universität darauf vorbereiten.

Schlußfolgerungen zur Verwertbarkeit erlangter Kenntnisse im britischen Beschäftigungssystem

Die geringe Formalisierung von Schul- und vor allem von Berufsabschlüssen hat zur Folge, daß Qualifikation bislang auf vielfältige Weise erworben werden kann und daß mehr eigene Entscheidungsfreiheit dabei besteht (Wahl der Fächer, der Anzahl von Fächern, in denen Prüfungen abgelegt werden, Prüfungszeitpunkt...).
Wenn von geringer Formalisierung gesprochen wird, so bezieht sich dies vor allem auf die Ausbildung. Es existieren durchaus geregelte berufliche Abschlüsse, die die beruflichen Chancen beeinflußen. Die über die oben benannten Körperschaften/ Institute verliehenen, angesehenen beruflichen Abschlüsse bestimmen das berufliche

---

[49] Prüfungen hierfür sind bereits den Stufen 3 und 4 des neuen einheitlichen nationalen Qualifikationssystem NVQ (im weiteren dargestellt) angepaßt. Angaben nach NEC-Broschüre 1994 und Open Learning Directory 1993.

Weiterkommen und den Aufstieg - sie sind weniger ein Schlüssel für den Zugang zum Erwerbsarbeitsmarkt überhaupt. Häufig werden Abschlüsse erst nach einigen Jahren der Erwerbstätigkeit als Externenabschlüsse erworben.[50] Viele dieser Abschlüsse setzen sich aus einer Reihe von Teilqualifikationen zusammen und können in mehreren Stufen erworben werden. Die Bedeutung und Popularität des Qualifikationserwerbs via "Open Learning", d.h., in flexibler Weise über Fernkursen bzw. Selbstlernmaterialien lassen sich so teilweise dadurch erklären, daß diese Lernsysteme es eher als andere ermöglichen, sich neben der Erwerbstätigkeit zu qualifizieren. Viele der angesprochenen Externenabschlüsse werden klassisch über Selbststudium/ Fernkurse erworben, so daß angesehene Zertifikate in gewisser Weise mit diesen Lernsystemen verbunden sind.

Für die beruflichen Perspektiven scheinen schulische Abschlüsse, der Nachweis von A-Level- Zertifikaten oder des GCSE-Zertifikats bislang einflußreiche Faktoren gewesen zu sein, scheinen den Einstieg in die Erwerbstätigkeit und berufliche Chancen - eben auch ohne eine berufliche Ausbildung - beeinflußt zu haben.[51] Möglicherweise hängt dies mit der traditionellen gesellschaftlich höheren Bewertung allgemeiner vor beruflicher Bildung zusammen. Auch dem nicht im engeren Sinn berufsqualifizierenden Universitätsabschluß kann eine bedeutende "Türöffner"- Funktion unterstellt werden.[52] Da Universitätsstudiengänge kaum berufsbildenden Charakter haben, scheinen diese Zertifikate als Hinweis auf "allgemeine Tüchtigkeit" begriffen zu werden.

Das läßt zum einen deutlich werden, warum sogenannte basic skills und das Nachholen von Schulabschlüssen im Rahmen der Further-Education-Angebote einen breiten Raum einnehmen und in bezug auf berufliche Chancen diskutiert werden. Es läßt zum zweiten deutlich werden, daß und warum berufliche Qualifikation auch außerhalb formaler Abschlüsse verwertbar ist. Auch Grundlagenqualifikationen oder berufliche Teilqualifikationen gelten als Schlüssel in die Erwerbstätigkeit, zumal in Kombination mit guten Schulabschlüssen. Sie können den Einstieg eröffnen, wo in stark formalisierten Bildungssystemen komplexe Ausbildungen erforderlich sind. Grundlagenkenntnisse in EDV-Anwendungsprogrammen, wie sie beispielsweise in den Open Learning Centres erworben werden können, haben damit einen höheren Verwertungseffekt im britischen Beschäftigungssystem als sie es möglicherweise im deutschen hätten.

---

[50] Das erklärt zum Teil auch das höhere Alter der StudentInnen an der Open University im Vergleich zu den StudentInnen an der Fernuniversität Hagen.
[51] Dies drückt sich unter anderem auch in Stellenanzeigen von Unternehmen aus, in denen oft Schulabschlüsse oder bestimmte GCSE- oder A-Level-Zertifikate als Voraussetzung oder als wünschenswert genannt werden.
[52] Siehe Rust, W. Bonnie, 4/1992, S. 8: Der Autor beklagt die massive Überbewertung akademischer Abschlüsse gegenüber beruflichen Abschlüssen.

Nachdem es keine einheitliche Berufsbildung mit zentral festgelegten Inhalten und einheitlichen Zertifikaten gibt, mußten sich bislang die Fähigkeiten für bestimmte Tätigkeiten in erster Linie in der Praxis beweisen d.h., es mußte sich erweisen, daß sie real vorhanden sind. Sie mußten nicht durch bestimmte Kurse/ Ausbildungsgänge oder auf genau geregelten Wegen, sondern konnten auch über Selbststudium oder andere, weniger konventionelle, Wege erworben sein.

Negative Implikationen geringer Formalisierung - Die Diskussion um Strukturen von Aus- und Weiterbildung

Bei allen Vorzügen, die eine geringe Zentralisierung und vor allem Formalisierung und Normierung für die individuellen Entscheidungsspielräume mit sich bringen, haften dem auch deutliche Nachteile an: für die Wirtschaft ebenso wie für Individuen. Qualifikation kann zum Beispiel sehr eng an den Betrieb und dessen Ausbildungsinteresse und -kapazität gebunden sein, was die anderweitige Nutzbarkeit begrenzt. Ohne systematische Qualifizierung gibt es keine Standards, die eine schnelle Weiterbildung oder Spezialisierung auf der Basis breiter Grundlagen ermöglichen. Ohne einheitliche Standards ist Qualifikation schließlich wenig vergleichbar. Das hat nicht nur für die Betriebe Nachteile, für die es in einem solchen System aufwendiger sein kann, gut ausgebildetes Fachpersonal zu rekrutieren. Es hat auch Nachteile für Individuen: Wer seine Stelle verliert oder in eine andere Region umzieht, ist in Gefahr, den beruflichen Status zu verlieren, weil die Qualifikation nicht anerkannt wird. Die Einstufung und Entlohnung kann sehr willkürlich erfolgen. Schließlich führt ein geringes öffentliches Interesse an beruflicher Qualifizierung zu einer möglicherweise hohen privaten Belastung, wenn die notwendige Qualifikation später privat organisiert und finanziert werden muß. Dann ist die individuelle Flexibilität unter Umständen teuer erkauft und zementiert soziale Ungleichheit.

In der, besonders in den letzten 10-15 Jahren, von unterschiedlichen gesellschaftlichen Kräften intensiv geführten öffentlichen Diskussion werden die geringe Formalisierung und der geringe Grad zentral geregelter Standards als Hemmschuhe für die wirtschaftliche Entwicklung und die Meisterung der Wirtschaftskrise herausgestellt. Insgesamt wird eine stärkere Betonung beruflicher Bildung vor der bislang dominierenden Allgemeinbildung gefordert. Die Kritik entstand vor dem Hintergrund der langanhaltenden Wirtschaftskrise und der als zu schwach eingestuften Wettbewerbsfähigkeit Großbritanniens in der EG. Seit Beginn der 80er Jahre wurde die zu geringe berufliche Qualifikation britischer Arbeitskräfte im EG-Vergleich beklagt.[53] Auch neuere Vergleichsuntersuchungen strapazieren diesen Punkt. In

---

[53] U.a in NIACE, 3/1993 und in CEDEFOP 1986 ausgeführt.

einem Papier zum Stand der beruflichen Aus- und Weiterbildung in England und Wales werden Vergleichszahlen 1988/89 für Großbritannien und andere europäische Länder, unter anderem die Bundesrepublik Deutschland veröffentlicht.[54] Danach haben 63% der britischen, aber nur 26% der deutschen Erwerbstätigen keine ausgewiesene berufliche Qualifikation, 20% der britischen, aber 56% der deutschen eine mittlere Qualifikation und ein in beiden Ländern etwa gleich hoher Prozentsatz eine akademische Qualifikation.

Die einflußreiche Confederation of British Industry, die die britischen Arbeitskräfte 1989 als "under-educated, under-trained and under-qualified" bezeichnet hatte, verknüpfte diese Einschätzung mit der dringenden Forderung nach nationalen Zielsetzungen für die Aus- und Weiterbildung.[55] Die Förderung systematischer beruflicher Ausbildung, stärkerer technischer Orientierung im Aus- und Weiterbildungswesen und übergreifender Standards in Aus- und Weiterbildung sollte dabei im Mittelpunkt stehen.

Aktuelle Veränderungsbestrebungen: Formalisierung und Schaffung allgemeiner Standards

Inzwischen wurden die geforderten nationalen Zielsetzungen unter dem Begriff "NETTs", National Education and Training Targets, offiziell etabliert und werden von Politik und Wirtschaft getragen.[56] Sie sind verknüpft mit der Einführung eines Stufensystems zur Bewertung beruflicher Qualifikationen für alle Berufsbereiche und verbunden mit einem Aktionsplan, der inhaltliche und zeitliche Zielvorgaben zur Umsetzung der neuen Standards enthält. Die Bereitschaft der Arbeitskräfte, sich weiterzubilden und der Unternehmen, Aus- und Weiterbildung für die Beschäftigten anzubieten, soll gefördert werden. Damit ist eine ausgesprochen neue Entwicklung markiert, die massive staatliche Initiativen erfordert: Gemeinsame nationale Standards und Zielsetzungen sind im Vereinigten Königreich für den Bereich der bisher sehr dezentral organisierten Bildung ungewöhnlich, so daß das Aus- und Weiterbildungswesen erst darauf eingestellt werden muß.

Seit 1986 existiert das National Council for Vocational Qualifikations als Gremium, das ein neues nationales Qualifikationssystem (National Vocational Qualifikations, NVQs) entwickeln soll. Es definiert 5 Leistungsniveaus für alle Berufsbe-

---

[54] Rust, W.Bonney (Hrsg) 4/1992 S. 11; weitere Vergleichsdaten gibt es zu Frankreich und den Niederlanden. Es ist allerdings keine Quelle zu den Zahlenangaben vermerkt, so daß unklar ist, inwieweit die inhaltlichen Vergleichsebenen korrekt sind.
[55] Zitiert nach NIACE, 3/93, S. 6.; hier findet sich auch eine Zusammenfassung der Bildungs-Diskussion.
[56] Siehe Anhang 3

reiche und arbeitet an einem System der Prüfung von Kompetenzen und der Anrechnung vorhandener, nicht unbedingt formal bescheinigter, Kompetenzen innerhalb des NVQ-Systems.[57] Erstmals müssen damit theoretische Kenntnisse (Wissen und Verständnis) mit praktischen Fertigkeiten verknüpft werden, was ein Abrücken vom bisherigen Prinzip der Theorieprüfungen und eine Aufwertung von Praxiserfahrungen bedeutet. Alle beruflich orientierten Kurse sollen längerfristig Kenntnisse, die auf NVQ-Niveaus zugeschnitten sind, vermitteln und somit im Bausteinsystem zu höherer Qualifikation führen. Das Bausteinprinzip bleibt erhalten und soll Flexibilität ermöglichen.[58] Es ist zu hoffen, daß dadurch und durch die beabsichtigte Anrechnung von auf verschiedensten Wegen erworbenen Kompetenzen eine gewisse Durchlässigkeit erhalten bleibt. Es ist auch zu hoffen, daß die erklärte Absicht, weitere Zugänge zu schaffen und alternative Lernwege noch weiter zu öffnen, umgesetzt wird.

Im Zusammenhang mit den NETTs und dem NVQ-System werden aber auch Befürchtungen, vor allem von Seiten der Erwachsenenbildung, laut, daß künftig nur noch beruflich verwertbare Kompetenzen ausgebildet werden sollen. Befürchtet wird, daß mit der Einführung und Umsetzung der Standards über NVQ in den Further-Education- Einrichtungen der Begriff Qualifikation zu eng definiert werden könnte (als beruflich verwertbares Vermögen), und daß Zertifikate einen zu hohen Stellenwert bekommen könnten.[59]

Beruflich orientierte Qualifizierung für Erwachsene und die neue Rolle der Erwachsenenbildung

Die vorne benannten Prüfungsorgane, die auf externe Abschlüsse vorbereiten, passen ihr Angebot inzwischen an die NVQ-Standards an. Im Zuge der beschriebenen Entwicklungen werden Erwachsene in den letzten Jahren verstärkt aufgefordert, sich beruflich zu qualifizieren, sich neue Kenntnisse anzueignen und alte anzupassen - möglichst an die neuen Standards. Ausbildungsgänge an Colleges werden auch zunehmend von Erwachsenen genutzt, und es ist für Arbeitslose möglich, Zuschüsse der Arbeitsverwaltung dafür zu bekommen. In fast allen Colleges gibt es inzwischen Teilzeitkurse, die Erwachsenen einen Besuch neben der Erwerbs- oder der

---

[57] Ausführliche Darstellung des NVQ-Systems in Bees, M./ Sword, M., 1990; in Schottland heißt das System SVQ. Zur Vorstellung über die Einbeziehung/ Anerkennung bereits informell vorhandener Kenntnisse siehe Newman, J./ Llewllin, N. 1990.
[58] Gute Erfahrungen damit werden aus Schottland berichtet, wo bereits seit längerem ein Bausteinsystem beruflicher Abschlüsse erprobt wird; ausgeführt in Kommission der Europäischen Gemeinschaften, 1991a).
[59] Siehe NIACE, 3/1993, S. 7 ff.

Familienarbeit ermöglichen. Eine Reihe staatlicher Initiativen, wozu die vorne aufgeführten "Open Learning"- Initiativen gehören, will gezielt Erwachsene zu beruflicher Weiterbildung anregen. Gerade für Erwachsene werden die flexiblen Weiterbildungsmöglichkeiten, die unter dem Stichwort "Open Learning" firmieren, propagiert.

Die beschriebenen Entwicklungen führten aber nicht nur in der klassischen beruflichen Bildung zur Ausweitung beruflich orientierter Angebote. Diese Ausweitung ist inzwischen - und trotz einer gewissen Skepsis - in allen Einrichtungen der Erwachsenenbildung festzustellen. Das bringt auch eine Ausdehnung von Angeboten, die mit einer Zertifizierung verbunden sind, mit sich. War die traditionell stark humanistisch geprägte Erwachsenenbildung früher ausdrücklich nicht auf berufliche Verwertbarkeit orientierte und nicht auf Zertifikate ausgerichtete Weiterbildung, so ändert sich das zunehmend. "Education", die wahre und vornehme ganzheitliche Bildung und "Training", die enge, streng auf berufliche Verwertbarkeit und wirtschaftlichen Nutzen orientierte und beschränkte berufliche Weiterbildung, rücken seit einigen Jahren enger zusammen.[60] Die Grenzen werden fließend. In einem offiziellen Bericht zum Stand der Erwachsenenbildung von 1991 wird Erwachsenenbildung in drei Kategorien geteilt:

1) Arbeitsweltbezogene Erwachsenenbildung, die ausdrücklich auch auf Zugang zu und Vorbereitung für die Teilnahme an beruflicher Weiterbildung, auf LernerInnen-Qualifikation und berufliche Auffrischung gerichtet ist, sowie frauenspezifische Angebote für Wiedereinsteigerinnen und berufstätige Frauen zum Einstieg in qualifizierte Berufsfelder beinhaltet.
2) Erwachsenenbildung als Grundlagenbildung oder gezielte Förderung als Vorstufe zu beruflicher Weiterbildung. Gemeint sind hier z.B. Grundlagen-Vermittlung in Schreiben, Lesen, Wortschatz, Rechnen (basic skills) und Sprachkurse für fremdsprachliche TeilnehmerInnen.
3) Erwachsenenbildung als Allgemeine Bildung, die nicht als beruflich orientiert eingestuft wird, z.B. Kunsterziehung, Musik, Gesundheit, Sprachen.[61]

Das Angebot der Open Learning Centres Barry -wie die anderen öffentlich geförderten Open Learning Centres eine Einrichtung der Erwachsenenbildung - ist vor allem an der 2. Kategorie ausgerichtet, zum Teil an der ersten und am wenigsten an der klassisch der Erwachsenenbildung zugeordneten 3. Kategorie.
Die Hauptanbieter im Bereich der Erwachsenenbildung sind im Vereinigten Königreich die Local Education Authorities,[62] weitere wichtige Institutionen sind neben freien Trägern, kommunalen Organisationen und Gewerkschaften vor allem die

---
[60] Entwicklungen in dieser Richtung wurden bereits bei Titmus, C. 1981, beschrieben
[61] Ausgeführt in Her Majesty's Inspecorate, 1991, S. 2.
[62] Das Open Learning Centre Barry ist hier zugeordnet.

Workers Educational Association (WEA) und die Erwachsenbildungsabteilungen der Universitäten (University Extramural Departments). Ihre bisherige und ihre neue Rolle wird in folgendem Zitat deutlich:

> "Historically the university extramural departments and the WEA have concentrated on liberal adult education, particularly the humanities. The LEA adult education services have also offered a mainly non-vocational curriculum, whereas the vocational needs of adults have been met by further and higher education institutions. However, this previously clear distinction is now changing. The number of adults studying for vocational qualifications in further and higher education has increased in recent years. Many who re-enter education via adult education now wish to have their learning recognised and accredited to enable them to progress towards a qualification or employment."[63]

Der Erwachsenenbildung wird also eine Rolle beim Auf- und Ausbau beruflich orientierter Bildung zugewiesen. Sie kann sich daher auch nicht der angestrebten stärkeren Formalisierung des Bildungsangebotes entziehen. Durch die neue Gewichtung des beruflichen Aspekts in den Angeboten, die der Orientierung und der Entwicklung von Grundlagenqualifikationen dienen, könnte Erwachsenenbildung künftig eine stärkere Rolle bei der Beratung und Unterstützung von Personen bei ihrer individuellen Qualifizierungs- und Berufswegplanung zufallen. Das heißt, sie könnte verstärkt orientierende und unterstützende Funktion bei der Planung einer beruflichen Perspektive bekommen, die die individuellen Interessen und besonderen Bildungbedürfnisse berücksichtigt und einbezieht.

Fazit

Die beschriebenen Strukturen geringer Formalisierung auf der Grundlage des dezentral geregelten Bildungswesens scheinen in einigen Punkten positive Bedingungen für individualisiertes Lernen, das sich darüber hinaus auch im Erwerbsbereich verwerten läßt, zu implizieren. Hier sollen zusammenfassend stichwortartig einige Aspekte festgehalten werden:

- Berufliche Qualifikation setzt sich tendenziell aus mehreren kleinen Qualifikationsbausteinen zusammen, die nach und nach erworben werden.
- Da berufliche Grundlagenbildung nicht in Form komplexer Ausbildungen nach dem Schulabschluß erfolgt, entsteht ein hohes Erfordernis beruflicher Weiterbildung im Erwachsenenalter und aus der Erwerbstätigkeit heraus.

---

[63] Her Majesty's Inspectorate, 1991, S. 2.

- Damit hängt die Tradition des individualisierten Erwerbs von Abschlüssen und die weite Verbreitung des externen Erwerbs von Zertifikaten zusammen.
- Berufliche Bildung muß häufig neben der Erwerbstätigkeit organisiert werden.
- Prüfungen bezogen sich bislang tendenziell mehr auf Wissen und Verständnis, denn auf Kompetenzen (Theorie-Vorrang). Dies verändert sich allerdings mit der Umsetzung des NVQ-Systems.
- Schulabschlüsse und Grundlagenqualifikationen lassen sich auf dem Erwerbsarbeitsmarkt verwerten (Funktionalität eher theoriebezogener Inhalte und kleiner Qualifikationseinheiten).
- Es herrscht das Prinzip der vielfältigen Qualifizierungswege - Qualifikationsinhalte und Qualifizierungspfade sind entkoppelt.
- Formalisierungen, die inzwischen verstärkt eingeführt wurden, beziehen sich auf Berufsbilder, Inhalte, und Prüfungen. Es sollen einheitliche Standards geschaffen werden, aber unter Beibehaltung des Prinzips der Teilqualifikationen. Formalisierungen beziehen sich nicht auf die Qualifizierungswege. Individualisierte Wege werden gefördert.

TEIL III

AUSWERTUNG DER BRITISCHEN ERFAHRUNGEN FÜR DIE WEITERBILDUNG VON FRAUEN IN DER BUNDESREPUBLIK DEUTSCHLAND

Grundsätzliche Überlegungen zu einer "weiblichen Lernkultur"

Der Wunsch von Frauen nach Lernen mit anderen

Frauen werden oft dem Lerntyp "Soziales Lernen" (in einer Studie von Kirkup und von Prümmer auch "shared learning"[1] genannt) zugeordnet. Sie scheinen es vorzuziehen, im persönlichen Kontakt mit anderen Menschen zu lernen. Dieser Eindruck entsteht nicht nur aus den vorne geschilderten Erfahrungen im Modellprojekt "Beratungsangebote und -einrichtungen für Berufsrückkehrerinnen" und aufgrund der niedrigen Frauenbeteiligung in Fernunterricht/ -studium in der Bundesrepublik Deutschland. Auch im Vereinigten Königreich fällt auf, daß Frauen stärker als Männer von Lernzentren Gebrauch machen, die die Möglichkeit bieten, in Kontakt mit anderen zu treten, Probleme im persönlichen Kontakt zu klären.

1986/ 88 wurde eine Vergleichsuntersuchung der Open University und der Fernuniversität Hagen zu den Lernbedingungen von StudentInnen und der Verträglichkeit des Fernstudiums mit anderen Verpflichtungen durchgeführt. Die Studie war ursprünglich auf die Fernuniversität Hagen begrenzt, die aufgrund des niedrigen Frauenanteils 1986 der Frage nachgehen wollte, inwieweit dies mit unterschiedlichen Lebenszusammenhängen und -erfahrungen bei Männern und Frauen zu tun hat. Dann ergab sich die Möglichkeit, 1988 eine parallele Studie an der Open University, die seit ihren Anfängen einen hohen Frauenanteil bei den StudentInnen aufgewiesen hatte, durchzuführen. Die Fragestellung und die Auswahl der Untersuchungsgruppe war so eng wie möglich an die Untersuchung der Fernuniversität angeglichen, um vergleichende Aussagen zu ermöglichen. In beiden Untersuchungen waren zu etwa gleichen Teilen Männer und Frauen einbezogen, StudentInnen, die in vergleichbaren Fakultäten eingeschrieben waren und die in einer der beiden Institutionen ein Jahr Studium hinter sich hatten.[2]

Ein Fokus der Untersuchung lag auf dem Zugang zu Studienzentren und zur Bedeutung, die diesen Zentren von den StudentInnen beigemessen wird. In beiden Institutionen ist der Besuch freiwillig und bietet unter anderem die Möglichkeit, persönliche Gespräche mit TutorInnen oder anderen StudentInnen zu führen oder sich zu Lerngruppen zusammenzufinden. Das eindeutige Ergebnis:

---

[1] Kirkup, G. / von Prümmer, C. 2/1992, S. 1.
[2] An der Fernuniversität das Studienjahr 1985/86 und an der Open University das Studienjahr 1987/88. Detaillierte Aufschlüsselung der Untersuchungsgruppe in Kirkup, G./ von Prümmer, C., 2/1992.

Women distance education students are more interested than men in elements of interactive learning, and they are more inclined to make use of local study centres to obtain this.[3]

Es stellte sich heraus, daß den Studienzentren in beiden Institutionen von Frauen nicht nur signifikant mehr Bedeutung beigemessen wird als von Männern. Auch in der tatsächlichen Nutzung bestätigte sich dieses Bild: Die Studienzentren sowohl der Open University als auch der Fernuniversität Hagen werden stärker von Frauen als von Männern genutzt. Dieses Ergebnis traf für die Gruppe der Untersuchten insgesamt zu und noch deutlicher für die Gruppe derjenigen StudentInnen in beiden Institutionen, die einen besonders leichten Zugang zu den Zentren hatten.[4] Dabei war die Nutzung in der Bundesrepublik aufgrund der geringen Streuung der Zentren außerhalb von Nordrhein-Westfalen, dem Sitz der Fernuniversität Hagen, insgesamt sehr viel geringer. Wie Kirkup und von Prümmer in ihrer Untersuchung feststellen, war die Möglichkeit, durch den Besuch von Studienzentren in persönlichen Kontakt treten zu können, für Frauen in beiden Ländern mit mehr Mühen verbunden. Sie hatten z.B., anders als die meisten Männer, Kinderbetreuungs- und Transportprobleme zu überwinden. Dennoch war es ihnen wichtig genug, diese Mühen auf sich zu nehmen.

Es kann also für die Nutzung offener Lernsysteme durch Frauen als bedeutsam angesehen werden, daß sie gekoppelt sind mit sozialen Lernformen. Naomi Sargant spricht vom Bedürfnis von Frauen nach sozialen Lernformen, denen bei der Gestaltung von "Open Learning"-Angeboten Rechnung getragen werden müsse, damit sie für Frauen interessant sind.[5] Es ist nicht bekannt, in welchem Umfang Frauen im Vereinigten Königreich Fernlehrgänge oder "Open Learning"- Materialien ohne eine Koppelung mit sozialen Lernformen nutzen. Allerdings scheinen sie in größerem Umfang die Alternative zu haben, individualisiert und dennoch im Austausch mit anderen zu lernen, z.B. durch Lernzentren und "Drop-In"-Angebote in Einrichtungen der Erwachsenenbildung.

Daß Frauen anders lernen als Männer, weil sie anders denken, wird in der neueren, und in der Fernunterrichts- Frauenforschung immer wieder zitierten, Untersuchung von Belenky u.a. behauptet. Die Thesen sollen daher im Folgenden vorgestellt werden.

---

[3] Kirkup, G. / von Prümmer, C., 2/1992.
[4] Detaillierte Zahlenaufschlüsselungen in Kirkup, G. / von Prümmer, C., 2/1992, S. 36 und 38.
[5] Sargant, Naomi, 6/1992 S. 273.

Der Erklärungsansatz des "weiblichen" Denkmodells nach Belenky u.a.

1986 veröffentlichte eine Gruppe amerikanischer Forscherinnen eine Untersuchung, in der ein "weibliches" Denkmodell behauptet wurde und damit verbunden eine andere Form des Lernens bei Frauen.[6]

Belenky u.a. hatten die Beobachtung aus den 70er Jahren zum Ausgangspunkt genommen, daß Frauen an der Hochschule sich häufig entfremdet und ihrer intellektuellen Fähigkeiten unsicher fühlen und die Frage daran geknüpft, ob die bestehenden Bildungseinrichtungen Frauen gerecht werden. In ihrer qualitativ angelegten Studie befragten sie 135 Frauen aus neun verschiedenen amerikanischen Bildungseinrichtungen. Hierzu gehörten unterschiedlichste akademische Einrichtungen und Colleges, von der Eliteeinrichtung bis zum College für unterprivilegierte Frauen und Schulabbrecherinnen. Außerdem gehörten drei soziale Einrichtungen - Familiendienste - dazu, die von den Autorinnen als unsichtbare Schulen bezeichnet werden. Diese Familiendienste organisieren Unterstützung für Mütter/ Familien über Selbsthilfeprojekte, für die sie Mitarbeiterinnen vorbereiten, sozusagen informell "ausbilden".

Die Untersuchung baut zum einen auf Carol Gilligans Untersuchungen zur weiblichen Moralentwicklung auf.[7] Gilligan hatte die Moralentwicklung von Frauen als um die Begriffe Verantwortung und Fürsorge organisiert beschrieben und moralische Entscheidungen von Frauen als tendenziell kontext- und beziehungsgebunden benannt. Damit hatte sie die weibliche Moral in einen Kontrast zur gängigen, nach Gilligan männlichen, Moral gestellt, die auf universelle Prinzipien von Unparteilichkeit und Objektivität baue. Gilligan hatte scharf kritisiert, daß in den Untersuchungen, die den gültigen psychologischen Theorien zugrunde liegen, immer nur männliche Untersuchungsgruppen ausgewählt oder ausgewertet wurden - eine Vorauswahl mit möglicherweise entscheidendem Einfluß auf das Ergebnis, ohne in dieser Aspekt offengelegt oder reflektiert worden wäre. Die auf der Grundlage männlicher Untersuchungsgruppen herausgefundenen Muster allerdings seien für allgemeingültig erklärt worden, daher sei nach weiblichen Mustern nicht gesucht worden.

Die Untersuchung nimmt zum anderen Rückgriff auf William Perry, der die intellektuelle und ethische Entwicklung von College-Studenten untersucht und ein fünfstufiges Entwicklungsschema daraus abgeleitet hatte. Fragestellungen von Perry, der nur die Befragung von Männern ausgewertet hatte, und Fragestellungen von Gilligan wurden in die Untersuchung von Belenky u.a. aufgenommen. Es ging in den Interviews um entscheidende Erfahrungen für die persönliche Entwicklung. An

---

[6] Belenky, M.F. u.a., deutsche Ausgabe von 1991. Die Autorinnen betonen, daß das "weibliche" Denkmodell sowenig zwingend an das Geschlecht gebunden ist, wie das "männliche". Die Begriffe sollen lediglich die bestehenden Tendenzen widerspiegeln.

[7] Gilligan, C. 1982.

Perry's Entwicklungsschema ist das gefundene Schema aus fünf epistemologischen Kategorien (Positionen) angelehnt, die für das "weibliche" Denkmodell als relevant angesehen werden. Diese Positionen entsprechen größtenteils den fünf Stufen von Perry, die "männliches" Denken beschreiben und dabei eine Entwicklung von Denkweisen im vereinfachenden Schwarz-Weiß-Muster hin zu toleranteren und schließlich analytischen Mustern in der Denktradition des Relativismus beschreiben.

Die Positionen des "weiblichen" Denkmodells sind inhaltlich anders gefüllt und sollen kein voranschreitendes Entwicklungsschema darstellen wie die Stufen bei Perry. Allerdings zeigen auch sie eine Hierarchie auf von weniger komplexen hin zu komplexen Denkweisen. Die Positionen greifen zentrale Erfahrungen im weiblichen Lebenszusammenhang auf und reichen von der Position des von geringem Selbstwertgefühl bestimmten "Schweigens," über die des nur wiedergebenden rezeptiven Denkens, hin zu der des subjektiven und schließlich prozeduralen und konstruierten Denkens.

Besondere Bedeutung kommt der These zu, wonach Frauen eher dem "gebundenen" oder "verbundenen" Denken" zuneigen. Frauen lernen demnach, indem sie Dinge in engen Bezug zu eigenen Erfahrungen und zur eigenen Person setzen, und sie lernen, indem sie in persönlichen Kontakt zu Personen treten. Beim verbundenen Lernen spielen Beziehung und Kontext eine große Rolle, sind soziale Bezüge, Zugehörigkeit, Einfühlen in und Bestätigung durch andere eine wichtige Voraussetzung für die Entwicklung. Gelernt wird auf der Grundlage, daß Fähigkeiten und latentes Wissen bereits da sind und weiterentwickelt werden müssen. Das Bild der LehrerIn in diesem System ist das der Hebamme. Sie soll helfen, ans Licht zu holen, was bereits angelegt ist, aber Unterstützung braucht, sich zu entwickeln und zu erweitern.

Das verbundene Denken steht dem als typisch männlich angesehenen sogenannten abgelösten Denken gegenüber. Hier spielen Inhalte, nicht die Beziehung, eine Rolle, können Dinge aus dem Kontext gelöst betrachtet werden, steht die abstrakte, die rationale und die möglichst objektive Sichtweise im Vordergrund, werden Prinzipien vor subjektiven Einschätzungen vertreten.[8] Anerkennung, Bestätigung und Zugehörigkeit werden als Belohnung vergeben, sie fungieren als Folge, nicht als Voraussetzung für die Entwicklung wie beim verbundenen Denken und Lernen. Gelernt wird im "abgelösten" Modell auf der Grundlage, daß kein Wissen und keine Fähigkeiten da sind, daß sie aber aufgenommen werden können, wenn sie von außen vermittelt werden. Das Bild der Lehrenden im System des abgelösten Denkens ist das von Paolo Freire entliehene Bankier- Bild: Die Lehrenden sind zunächst

---

[8] Die Modelle des verbundenen und des abgelösten Denkens zeigen eine interessante und deutliche Parallele zu dem auf Seite 27 beschriebenen Modell der Feldabhängigkeit bzw. Feldunabhängigkeit beim Lernen.

die unumstößlichen Autoritäten. Sie allein sind es, die das Wissen haben und es in den Lernenden anlegen.[9]

Die Autorinnen kritisieren, daß Bildungseinrichtungen in der Regel am Ideal des abgelösten Denkens ausgerichtet sind, daß verbundenes Denken und subjektive Herangehensweise dagegen als nicht wissenschaftlich betrachtet werden. Sie kritisieren, daß die abstrakte Herangehensweise höher bewertet wird als der Rückbezug auf eigene Erfahrungen. Sie fordern Veränderungen von den Bildungsinstitutionen: in der Organisation von Lernen, in der Umgangsweise mit Lernenden und in den Bildungsinhalten. Ein Bildungsweg, der für Frauen gangbar ist, muß nach Belenky u.a. nach dem Prinzip des verbundenen Denkens organisiert sein. Lernen muß in sozialen Zusammenhängen stattfinden und in einer Atmosphäre des Vertrauens. Ausgangspunkt müssen die Erfahrungen der Frauen sein. Verbindung soll vor Ablösung, und Verständnis und Akzeptanz sollen vor Bewertung stehen. Auseinandersetzung soll mit dem Ziel der Zusammenarbeit, nicht der Abgrenzung geführt werden.

An der Untersuchung von Belenky u.a. ist meiner Ansicht nach bemerkenswert, daß sie, ohne dies explizit auszudrücken, die besonders im Bereich des Fernunterrichts-/studiums gepflegte Hierarchie der Lernformen in Frage stellt. Lernen von Erwachsenen, das auf soziale Bezüge angewiesen ist, wird in dieser Hierarchie tiefer angesiedelt als das von sozialen Bezügen unabhängige Lernen Erwachsener (siehe auch Seite 26 ff). Wenn Frauen daher bevorzugen, mit anderen zu lernen, werden sie als defizitär eingestuft, mindestens aber als auf einer anderen Stufe im allgemeinen Entwicklungsschema stehend. Dieses allgemeine Entwicklungsschema ist aber nach Belenky u.a. in Wirklichkeit ein "männliches", neben dem ein anderes "weibliches" steht, in dem andere Prioritäten gelten.

Folgt man der Argumentation von Belenky u.a., dann suchen Frauen in Fernunterricht, Fernstudium oder sonstigen individualisierten Lernsystemen soziale Lernformen nicht vorrangig deshalb so auffallend, weil sie "noch nicht so weit" sind, völlig ohne Unterstützung durch andere zu lernen. Die Frauen gehen auch nicht vorrangig deshalb zu Lerngruppen, Tutorien oder in Direktunterricht, weil sie zu Hause, zum Beispiel als Hausfrauen und Mütter, isoliert sind. Auch wenn häusliche Isolation eine Rolle spielen kann, tun sie es vorrangig deshalb, weil sie lieber mit anderen lernen als allein und weil für sie soziale Bezüge zur Grundlage für Lernprozesse gehören.

---

[9] Paolo Freire beschrieb die LehrerInnen-Rolle im unterdrückerischen Erziehungssystem in diesem Bild, in Freire., P., 1973, Kapitel 2.

Der Nutzen sozialer Lernsituationen für Frauen

In ersten Teil der Arbeit wurden Anforderungen an eine Bildungsarbeit mit Frauen beschrieben. Sie gingen von der Darstellung der Situation aus, in der insbesondere Wiedereinsteigerinnen nach einer Familienphase stehen. Unter anderem wurde der Nutzen orientierender Angebote beschrieben und die Dringlichkeit, eigene Erfahrungen und die aktuelle Situation im Rahmen von Weiterbildung zu thematisieren.

Vor allem hinsichtlich der Orientierung, die viele Frauen vor dem Wiedereinstieg oder dem beruflichen Umstieg suchen, ist zu fragen, inwieweit individualisierte Lernsysteme dafür geeignet sind. Die Orientierungskurse, die für die beschriebenen Zielgruppen bestehen, haben zwar auch das Ziel, Informationen zugänglich zu machen und zu vermitteln. Im Mittelpunkt steht jedoch der Prozeß der Klärung von Wünschen und Neigungen, die in Relation zu den Lebenszusammenhängen und den Verantwortlichkeiten zu bringen sind. Für diesen Prozeß ist es wichtig, sich auszutauschen, Rückmeldungen zu erhalten und Erfahrungen von anderen einzubeziehen. In einem Prozeß, der die ganze Persönlichkeit zu einer Neubestimmung des Standortes fordert, ist Auseinandersetzung mit anderen Menschen vital. Es können Ideen entstehen, Pläne entwickelt werden, die erst aus dieser Auseinandersetzung geboren werden und nicht durch eine Planung vorwegzunehmen sind. Hierbei müssen die ureigenen Erfahrungen und Gedanken der beteiligten Frauen im Mittelpunkt stehen.

Die Auseinandersetzung mit anderen ist auch aus einem zweiten Grund sehr wichtig: sie ermöglicht Erkenntnisprozesse entlang der eigenen Geschichte über gesellschaftspolitische Bedingungen, die die Situation der Frauen prägen, die aber häufig von den Frauen als ganz individuelle Bedingungen erlebt werden. So erscheint die Erwerbsunterbrechung aus familiären Gründen als individuelle Entscheidung, werden die gesellschaftlich unterschiedlichen Wertungen von Haus- und Erwerbsarbeit akzeptiert (z.B. indem die Frauen von sich sagen, sie hätten mehrere Jahre *nicht* gearbeitet, nachdem sie in diesen Jahren einen Haushalt und mehrere Kinder versorgt haben). Probleme, die sich daraus ergeben, z.B. beim Wiedereinstieg, werden als individuelle Probleme aufgefaßt.

Diese Zusammenhänge müssen thematisiert werden, um eigene Fähigkeiten wirklich einschätzen zu können, um mehr Selbstsicherheit zu entwickeln und um eine Standortbestimmung und eine Neubestimmung der Ziele vornehmen zu können. Geschieht dies nicht, besteht die Gefahr, daß Frauen sich am männlichen Maßstab aufreiben, weil sie, ohne ihre bisherige Rolle in Frage zu stellen, versuchen, weiteren Rollen gerecht zu werden. Die Auseinandersetzung mit anderen Frauen hat dabei eine wichtige Funktion, weil sie die nötigen affektiven Anteile besser einschließt, als dies in der bloßen Auseinandersetzung mit Medien der Fall sein kann. Lernprozesse kommen häufig dadurch in Gang, daß eigene Erfahrungen und Überlegungen in der Gruppe dargestellt und diskutiert werden. Es kommen Rückfragen, es werden unterschiedliche Einschätzungen und Erfahrungen ausgesprochen, es scheinen Parallelen mit Erfahrungen anderer auf. Dies zeigt sich am Beispiel von Orientierungskursen, wie sie im Rahmen des vorne beschriebenen Modellprojektes von Beratungsstellen durchgeführt werden.

Es ist daher zu bezweifeln, daß Orientierungsangebote als individualisierte Angebote ohne jegliche Einbeziehung sozialer Lernformen sinnvoll sind. Wird nur mit Medien gearbeitet, besteht die Gefahr, daß ein starkes Gewicht auf der Information liegt. Auch wenn Materialien nicht vorwiegend Fakten vermitteln, sondern etwa zum Nachdenken über die eigene Situation und Rolle, über Fähigkeiten aus beruflichen und familiären Tätigkeiten anhalten, ist Auseinandersetzung mit anderen häufig essentiell, um daraus eigene Ideen zu entwickeln. Diese können über die Materialien nicht antizipiert sein.

Bei Lernprozessen in der Gruppe dagegen kann die Gruppe die Funktion haben, die nötige Rückenstärkung zu geben, diese Ideen zu erproben. Es ist häufig in den Orientierungskursen für Wiedereinsteigerinnen zu beobachten, daß dieser Rückhalt tatsächlich Schritte anstoßen oder beschleunigen kann. Meiner Ansicht nach sollten für Orientierungskurse, die vor allem Standortbestimmung und neue Zielfindung unterstützen wollen, feste Gruppenangebote gemacht bzw. beibehalten werden. Eine Verbindung mit "Open-Learning"-Elementen halte ich dennoch für möglich und sinnvoll, indem beispielsweise Inhalte aus der Gruppe heraus in Selbstlernanteile verlagert werden können. Inhalte können so zum Teil vorbereitet oder vertieft und Verantwortung kann an die Teilnehmerinnen abgegeben werden.

Dazu braucht es gut aufgearbeitete Materialien, die die Arbeit entlang der eigenen Situation ermöglichen und Inhalte entlang den Lebensbedingungen aufarbeiten. Hier ist nicht nur an Inhalte zu denken, die kognitive Kenntnisse zum Ziel haben (z.B. Wissen um Formen für die schriftliche Präsentation einer Bewerbung, Kenntnisse über Soziale Sicherungssysteme etc.) Wenn eine Integration der Lernformen gegeben ist, können auch Inhalte, die eher affektive Momente mobilisieren, teils alleine erarbeitet werden (z.B. Inhalte im Themenkomplex Selbstsicherheit).

Im Vereinigten Königreich gibt es, wie vorne beschrieben, Selbstlernpakete für die Zielgruppe der Wiedereinsteigerinnen, die sich vor dem beruflichen Wiedereinstieg orientieren wollen. Sie werden jedoch nicht nur für die individualisierte Bearbeitung, zum Beispiel in Lernzentren genutzt, sondern häufig auch in der Frauenbildungsarbeit als Arbeitsmaterialien begleitend zu festen Gruppenangeboten eingesetzt. Dort können sie meiner Ansicht nach bei geringerer "Offenheit" (im Sinne zeitlicher und räumlicher Flexibilität) höheren Nutzen bewirken.

Catherine Bray von der Athabasca-Universität in Alberta, Kanada, beschreibt in einem Artikel Lernprozesse bei einer Gruppe von Frauen, die einen Kurs in "Women-Studies" an der Universität Alberta im Fernstudium absolvierten. Der

Kurs wurde von ihr tutoriell begleitet. Die (theoretischen) Inhalte des Kurses waren zur Verknüpfung mit der eigenen Situation als Frau gedacht und sollten auch persönliche Erfahrungen einbeziehen. Ein Teil der Frauen absolvierte den Kurs als reinen Fernkurs, begleitet durch regelmäßige telefonische Gespräche mit der Tutorin. Der andere Teil traf sich ergänzend und besprach die Inhalte in der Gruppe. Catherine Bray stellt fest, daß die Themen in der Gruppe wesentlich intensiver und eingehender bearbeitet wurden als einzeln bzw. im telefonischen Kontakt. Sie führt dies auf die bessere Verknüpfung emotionaler und rationaler Inhalte zurück, die durch die Interaktion, vor allem durch nonverbale Anteile, möglich wird. Sie schlägt daher für künftige "Women-Studies"-Angebote mit hohem Anteil von Inhalten, die die Frauen auch persönlich und auf emotionalem Niveau betreffen, vor, verstärkt Gruppenangebote in lokalen Kleingruppen zu organisieren oder Ansprechpartnerinnen vor Ort einzubeziehen.[10]

Soziales Lernen: längst ein geschlechtsübergreifendes Erfordernis

Kommunikative und soziale Fähigkeiten spielen im Erwerbsbereich heute eine immer größere Rolle. Es setzt sich die Erkenntnis durch, daß Probleme am Arbeitsplatz bzw. im Unternehmen häufig nicht durch fehlendes Fachwissen verursacht sind, sondern durch Schwierigkeiten in der Kommunikation und im Umgang miteinander. Betriebe setzen daher neben der Weiterbildung im fachlichen Bereich zunehmend auf Kommunikationstraining: Personalverantwortliche und Vorgesetzte üben in Seminaren, empathisch und motivierend Gespräche mit MitarbeiterInnen zu führen und Probleme konstruktiv gemeinsam anzugehen. Dies erhöht letztlich die Motivation und die Verantwortlichkeit und zahlt sich für den Betrieb aus. Auch im Bereich der Anlerntätigkeiten, zum Beispiel in der Produktion, spielen soziale Kompetenzen inzwischen eine Rolle, da größerer Wert auf Zusammenarbeit und Gruppenarbeit gelegt wird. Soziale Kompetenzen haben in der Berufsausbildung heute als "Schlüsselqualifikationen"[11] gleichrangig einen Platz neben anderen überfachlichen Fähigkeiten wie beispielsweise der Fähigkeit zu selbständigem und eigenverantwortlichem Handeln. Zur Entwicklung und zum Training sozialer Kompetenzen sind soziale Lernsituationen unerläßlich.

Wenn die Ausbildung sozialer Kompetenzen in der beruflichen Bildung unterbewertet und vernachlässigt wird, entstehen möglicherweise Defizite in den kom-

---

[10] Bray, C. 1988, S. 37-49.
[11] Zum Beispiel im Projekt Petra (Projekt- und transferorientierte Ausbildung) der Siemens- AG, beschrieben in Boretty, R. u.a. 1988. Mit Schlüsselqualifikationen sind überfachliche, extrafunktionale Fähigkeiten gemeint, die erstmals von Dieter Mertens vom Institut für Arbeitsmarkt- und Berufsforschung der Bundesanstalt für Arbeit beschrieben wurden.

munikativen Fähigkeiten und im Sozialverhalten. Wer sich berufliche Qualifikation in individualisierter Weise und völlig außerhalb sozialer Lernsituationen aneignet, kann kommunikative und soziale Kompetenzen, die für die berufliche Tätigkeit gebraucht werden, nicht trainieren.

Fazit

Daß Frauen sozialem Lernen zuneigen, kann als Beobachtung festgehalten werden. Auf die Erklärungsansätze zur weiblichen Sozialisation, zur Orientierung von Frauen auf Fürsorge für andere, auf das Zurückstellen eigener Bedürfnisse und das Einüben enstprechender Verhaltensweisen durch die Rollenzuweisung in Familie und Erwerbsbereich soll hier nicht weiter eingegangen werden.[12]

Merkmale einer tendenziell "weiblichen" Lernkultur, wie die Präferenz sozialer Lernsituationen, das Lernen auf der Basis von Beziehungen zu anderen, das Ansetzen bei den eigenen Erfahrungen, die Betrachtung der Dinge im Kontext, sind in einem Prozeß der Neubewertung. Sie werden als neue Werte für die berufliche Qualifizierung entdeckt, obwohl sie möglicherweise vor allem für Männer neu sind. Auf jeden Fall spielen sie heute für die Qualifizierung von Männern und Frauen eine Rolle.

Die Fähigkeit alleine, das heißt, ohne persönliche Interaktion mit anderen Personen zu lernen, sollte daher nicht weiter hierarchisch als höheres Ziel in der Autonomieentwicklung angesehen werden. Es sollte Ziel für beide Geschlechter sein, soziale Kompetenzen *und* Autonomie auszubilden. Dafür braucht es Beziehungsfähigkeit und die Fähigkeit, Dinge auf die eigene Person rückbeziehen zu können. Ebenso braucht es die Fähigkeit zu abstrakten Betrachtungsweisen und zu eigenverantwortlichen Handlungsweisen.

"Open Learning" kann durchaus die Möglichkeit zu sozialem Lernen beinhalten. Dies ist vor allem dann der Fall, wenn Lernzentren als Lernbasen für individualisiertes Lernen genutzt werden können. Am Beispiel der Open Learning Centres wird deutlich, daß Frauen autonomem Lernen gegenüber aufgeschlossen sind, wenn es sich mit der Möglichkeit verknüpfen läßt, Kontakt zu anderen aufzunehmen. Dann sind "verbundene" und autonome Lernformen integriert und lassen sich flexibel handhaben. Es können TutorInnen oder andere Lernende bei Problemen angesprochen werden. Es können auch Lerngruppen entstehen, die sich regelmäßig zwischen Phasen eigenständigen Lernens, z.B. zur Prüfungsvorbereitung, treffen, wie am Beispiel des Open Learning Centres in Barry ausgeführt wurde.

Am Beispiel Barry zeigt sich zudem, daß reguläre Guppenangebote, die den offenen Bereich ergänzen, auch Zielgruppen ansprechen können, die sich "Open

---

[12] Siehe hierzu auch Beck-Gernsheim, E. 1976 und Ostner, I. 1978.

Learning" im Sinne von eigenständigem Erarbeiten von Inhalten möglichst ohne Unterstützung und Rückmeldung auf keinen Fall zutrauen würden. Gemeint sind beispielsweise Personen (beiderlei Geschlechts) mit geringen Bildungsvoraussetzungen. Sie sind unter den deutschen FernunterrichtsteilnehmerInnen kaum vertreten, wo die entsprechenden Angebote nur geringe und stark reglementierte Gelegenheit zum organisierten Austausch bieten. Die Integration der Lernformen wird teilweise durch Anbieter von Fernunterricht/-studium in der Bundesrepublik versucht, indem sie Präsenzphasen organisieren. Manche Anbieter, etwa die Akademikergesellschaft für Erwachsenenfortbildung (AKAD) mit Sitz in Stuttgart, bieten grundsätzlich Präsenzphasen für längerfristige Kurse an, auch wenn dies nicht Voraussetzung für die Förderbarkeit eines Kurses ist. In aller Regel ist dieser Präsenzunterricht aber streng fachlich bezogen und vor allem als Intensivphase vor den Prüfungen geplant.

Rahmenbedingungen für "Open Learning": Die Bedeutung flankierender Angebote

Die Frage der Familienarbeit und der Kinderbetreuung

Die Organisation der Familienarbeit und der Betreuung der Kinder fällt nach wie vor in erster Linie in den Verantwortungsbereich von Frauen - wird ihnen zugeschrieben und auch von ihnen übernommen. Dies wirkt sich selbst dann aus, wenn Frauen Familie und Kinder haben und erwerbstätig sind - für ihre Situation wurde der Begriff der Doppelbelastung geprägt. Frauen mit Kindern, die beruflich wieder Fuß fassen oder sich weiterqualifizieren möchten, stehen daher häufig in einem Spannungsfeld, das zwischen den Anforderungen aus der Familienarbeit und den Anforderungen, die die Erwerbstätigkeit oder Qualifizierungsmaßnahme an sie stellt, besteht.

Individualisierte Bildungsangebote, in der Bundesrepublik Deutschland vor allem Fernunterricht/ -studium, bieten Frauen scheinbar eine Lösung, weil sie mehr Spielräume ermöglichen, den familiären Anforderungen weiterhin gerecht zu werden. Die Idee dabei ist, daß Frauen zu Hause lernen und sich die Zeiten dafür zwischen den familiären Anforderungen einteilen. Dies ist, und zu Recht, kritisiert worden ob der Gefahr der Rollenzementierung: es ermöglicht Frauen, zu lernen, ohne daß sie ihre Rolle und die Rollen der Familienmitglieder in Frage stellen müssen, ohne daß Verantwortungsbereiche verändert werden müssen, ohne daß Frauen aus dem privaten, unsichtbaren in den öffentlichen Bereich wechseln und sichtbar werden.[13]

Wenn man sich von der theoretisch-analytischen Ebene auf die konkrete Handlungsebene begibt, muß man sich damit auseinandersetzen, daß individualisierte Lernsysteme für Frauen phasenweise mangels Alternative die einzige Möglichkeit sein können, sich weiterzubilden. Es sollen daher im Folgenden einige Anforderungen der Lernsysteme in ihren besonderen Auswirkungen für die Frauen betrachtet werden. Den einerseits gegebenen größeren Spielräumen im Vergleich zu Gruppenangeboten stehen andererseits größere Spannungsfelder gegenüber: wer zu Hause lernt, muß sich ohne äußere Vorgaben gegen andere Tätigkeiten und Ansprüche abgrenzen.

---

[13] Siehe Faith, K./Coulter, R.P., 1988; sie provozierten mit der Frage Home Study; keeping women in their place? Siehe auch Schneidereit, M. (Fernuniversität Hagen), die 1985 auf einer Tagung Frauen riet, wenn möglich eher ein Studium an einer Präsenzuniversität aufzunehmen als an der Fernuniversität.

Probleme ergeben sich dabei vor allem aus dem Charakter der Familienarbeit: sie ist fragmentiert und zeitlich kaum einzugrenzen, und sie beinhaltet eine prinzipiell allzeitig vorhandene Ansprechbarkeit durch die Familienmitglieder. Wer seinen Arbeitstag im Büro abgeschlossen hat und sich danach zu Hause zum Lernen hinsetzt, wird nicht von MitarbeiterInnen angerufen und dabei gestört. Wer für die Organisation in der Familie zuständig ist und sozusagen am Arbeitsplatz lernt, wird in der Folge des bedürfnisbezogenen Charakters von Familienarbeit durchaus dabei unterbrochen, aus tausenderlei Gründen. Christine von Prümmer berichtet aus Untersuchungen an der Fernuniversität von dem Phänomen, daß Familienfrauen häufig nicht entlastet, sondern stärker von der Familie in Anspruch genommen werden, nachdem sie ihr Fernstudium begonnen haben.[14] Die Ernsthaftigkeit der Lernabsicht ist u.U. ständig zu verteidigen, sie kann anders in Frage gestellt sein als bei Abwesenheit zum Kursbesuch. Dies kann durch Ansprüche der Kinder geschehen, oder durch Erwartungen, bestimmte Aufgaben "nebenher" zu erledigen: etwas aus der Reinigung holen, Handwerker anrufen, Arzttermine vereinbaren etc. Dabei spielen auch eigene Erwartungen und Ansprüche eine Rolle. Es ist schwieriger, sich von zur Erledigung anstehenden Dingen abzugrenzen, wenn sie unmittelbar vor Augen stehen.

Folgendes ist zusammenfassend festzuhalten:
Familienarbeit ist Arbeit. Auch bei effektiver Organisation läßt sie sich nicht "nebenbei" erledigen. Sie ist oft bedürfnis- und situationsorientiert, läßt sich also nur bis zu einem gewissen Grad planen. Es sind je nach Lernumfang also Umverteilungen in der Übernahme von Verantwortung notwendig, um den Anforderungen des Kurses - auch eines Fernkurses - gerecht zu werden. Diese Umverteilungen sind aber für Frauen, die zu Hause lernen, oft schwerer durchzusetzen. Obwohl Familienarbeit scheinbar so viele Spielräume läßt, sich die Zeit frei einzuteilen, können erhebliche Abgrenzungs- und Legitimationsprobleme entstehen, die zu Druck und zu Schuldgefühlen führen. Trotz hoher Motivation zum Lernen können somit Probleme mit dem erforderlichen Lernpensum entstehen.

Besonders zu benennen ist die Frage der Kinderbetreuung. Während der Lernzeiten muß für die Kinderbetreuung gesorgt sein. Frauen, deren Kinder zu Hause sind und nicht in den Kindergarten oder die Schule gehen, haben deshalb Probleme, zu Hause zu lernen. Vor allem, wenn die Kinder noch klein sind, beanspruchen sie im hohen Maße die Konzentration. Lernen erfordert ebenfalls Konzentration. Die wenigsten Menschen können diese entwickeln, wenn sie gleichzeitig mit Bedürfnissen, Fragen und Problemen außerhalb der Lerninhalte konfrontiert sind. Dies wird oft unterschätzt, ebenso wie die Schwierigkeit, zu lernen während die Kinder spie-

---

[14] von Prümmer, C. 6/1993, S. 14.

len oder schlafen - die Konzentration läßt sich oft nicht völlig auf das Lernen lenken. Frauen, die für die Familienarbeit und für die Kinderbetreuung verantwortlich sind, brauchen Entlastung von diesen Aufgaben, wenn sie Zeiten zum Lernen nutzen wollen. Dies gilt unabhängig davon, über welche Lernsysteme gelernt wird. Am Beispiel des Open Learning Centres in Barry wird deutlich, daß ein Lernzentrum Entlastung bieten kann. Dort wird die Frage der Kinderbetreuung nicht ausgeklammert, sondern es werden zu bestimmten Zeiten Betreuungsangebote gemacht. Das ist sinnvoll, nachdem öffentliche Kinderbetreuungseinrichtungen meist mangels Kapazität keine Alternative für die Frauen darstellen. Es kann direkte Entlastung schaffen, denn während der Betreuungszeiten ist eine Konzentration auf Lerninhalte möglich, auch, wenn dadurch Einschränkungen in der flexiblen Zeitgestaltung entstehen. Idealerweise sollte ein Kinderbetreuungsangebot im Lernzentrum terminliche Alternativen eröffnen.

Entlastung bietet ein Zentrum auch durch Stadtteilanbindung bzw., wie in Barry, durch die zentrale Lage. In Barry bietet sich außerdem durch lange Öffnungszeiten am Tag und auch Abendöffnungszeiten eine Alternative zum Lernen zu Hause, die flexibel nutzbar ist. Somit kann die Abgrenzung von Lernen und Hausarbeit besser gehandhabt werden.

Die Frage des Lernortes

Beim Vorschlag an Frauen, den Lernort nach Hause zu verlegen, wird häufig übersehen, daß viele Frauen kein eigenes Zimmer haben, in dem sich ein Lernort einfach einrichten ließe. Sie können sich zum Lernen zwar in gemeinsame Räume setzen, den Küchen- oder Wohnzimmertisch benutzen. Das bedeutet aber, sie müssen sich eine Lernatmosphäre ständig wieder neu herstellen und sie müssen sich damit auch eine Identität als Lernerin ständig neu errichten. Ein gut erreichbares Lernzentrum stellt hier eine Alternative dar und unterstützt die Lernbestrebungen der Frauen: es ist per se ein Lernort und die Identität als Lernende ist dort nicht in Frage gestellt.

Die Frage der Kosten

Bei der Nutzung individualisierter Lernsysteme entstehen Kosten, die vor allem beim Fernunterricht nicht unerheblich sind. Kosten für Fernunterricht können nicht im gleichen Umfang durch die Arbeitsverwaltung übernommen werden wie Kosten für Direktunterricht. Sie sind zum größten Teil privat zu tragen. Je nachdem, über welche Medien Lernsysteme funktionieren, müssen zudem möglicherweise Geräte wie Computer oder Videorecorder angeschafft werden. Die Kosten für die Kurse/ Lernmaterialien und für zusätzliche Anschaffungen können zu Problemen führen, wenn die Finanzdecke dünn ist. Dies gilt vor allem, wenn diese Kosten dann gegen Kosten für Familienanschaffungen (z.b. Möbel, Auto) oder dringende Bedürfnisse anderer Familienangehöriger stehen. Frauen müssen sich im hohen Maße selbst behaupten, wenn sie ihre Lernbedürfnisse gegen Neuanschaffungen durchsetzen müssen. Wenn sie Familienfrauen und ohne eigenes Einkommen sind, haben sie diese Selbstsicherheit oft nicht und bewerten eigene Bedürfnisse geringer als die der Familienmitglieder. Die flankierende Rolle eines Lernzentrums, das für die individuellen Bildungsziele als Lernbasis zu nutzen ist, liegt auf der Hand, wenn Geräte und Materialien dort genutzt werden können, ohne daß eigene Anschaffungskosten entstehen. Voraussetzung ist allerdings, daß die Gebühren niedrig sind.

Der Modellversuch "Weiterbildung für Familienfrauen durch Fernunterricht"

Von Oktober 1999 bis Okober 1993 lief in der Bundesrepublik Deutschland ein Modellversuch des Bundesministeriums für Bildung und Wissenschaft, der die Rolle flankierender Maßnahmen untersuchen sollte, die Familienfrauen die Nutzung von Fernunterrichtsangeboten ermöglichen oder erleichtern. Partner im Modellversuch "Weiterbildung für Familienfrauen durch Fernunterricht" waren die AKAD, der Bundesverband der Mütterzentren in der Bundesrepublik und die Bergische Universität-Gesamthochschule Wuppertal. Im Anschluß wurde der Versuch noch ein weiteres Jahr im Rahmen der europäischen Gemeinschaftsinitiative NOW (New Opportunities for Women) fortgeführt. Eine Veröffentlichung der Ergebnisse steht bislang noch aus.[15]

Ausgangspunkt des Versuchs war die Annahme, daß Familienfrauen und alleinerziehende Frauen besondere Probleme haben, an Fernunterricht teilzunehmen. Bei der AKAD waren diese Frauen nach Recherchen der wissenschaftlichen Mitarbeiterin des Modells, Isabell Herbst, auffallend häufig unter den AbbrecherInnen zu finden. Sie führte dies auf die starke familiäre Belastung, auf Kinderbetreuungsprobleme und auf Abgrenzungs- und Durchsetzungsprobleme zurück und sieht einen besonderen Unterstützungs- und Betreuungsbedarf bei dieser Zielgruppe. Daher wurden durch flankierende Maßnahmen Rahmenbedingungen geschaffen, die auf ihre Wirksamkeit hin untersucht werden sollten:

---

[15] Es liegen Kurzbeschreibung des Forschungsprojektes (siehe Literaturliste unter Forschungsprojekt, ohne Datum), ein unveröffentlichter Auswertungsbericht von 1994 sowie Artikel: siehe Herbst, I., 1991 und Müller, H.J., 1992 vor. Die Veröffentlichung ist für 1997 geplant.

- Lernen sollte in einem Methodenverbund stattfinden, in dem der Fernunterricht mit organisierten Lernkleingruppen ergänzt ist. Fachkompetente Teamerinnen sollen bei persönlichen und bei fachlichen und inhaltlichen Problemen hinzugezogen werden können.
- Die Lerngruppen sollten sich in den Mütterzentren treffen, um dort einen Lernort zu haben und sich von familiären Aufgaben entlasten zu können (durch Dienstleistungen, die in den Mütterzentren auf der Selbsthilfebasis angeboten werden, z.b. günstiger Mittagstisch).
- In den Mütterzentren wurde für Kinderbetreuung während der Lernzeiten gesorgt.
- Die Kosten für die Teilnahme am Fernunterricht waren niedrig, da Stipendien vergeben wurden.

Der Methodenverbund erfüllte in diesem Modell den Zweck, intersubjektives Lernen zu ermöglichen und damit neben kognitiven auch affektive Lernprozesse einzubeziehen. Die Bedeutung dieses Methodenverbundes, wurde für Frauen und besonders für diese Zielgruppe betont, da er geeignet schien, zusätzlich Betreuung und Unterstützung zu ermöglichen. In den Kleingruppen sollten auch Schlüsselqualifikationen trainiert und gesteigert werden, von denen angenommen wurde, daß sie den Frauen fehlten oder zu schwach ausgeprägt waren: Selbstsicherheit, Durchhaltevermögen, Kooperations- und Kritikfähigkeit.

Der Ansatz des Modellversuchs wird mit den Defiziten der Frauen und mit ihrer besonderen Bedürftigkeit begründet, die eine Sonderbehandlung notwendig zu machen scheint: Wenn die Argumentation aus dem Blickwinkel der bei den Frauen festgestellten Defizie erfolgt, bleibt der männliche Maßstab unangetastet. Die Frage scheint mir nicht zu sein, ob Frauen, oder bestimmte Zielgruppen unter ihnen, für Bildungsangebote so ungeeignet sind, daß sie nun besonders darauf vorbereitet werden müssen. Gefragt sollte eher werden, ob Bildungsangebote so gestaltet sind, daß sie vorwiegend Männer (und auch hier vermutlich nur eine eingegrenzte Gruppe) ansprechen und was diese Bildungsangebote auch für Frauen nutzbar macht.

Die praktische Umsetzung des Modellversuchs schlug dennoch einen richtigen Weg ein: Flankierende Rahmenbedingungen wie Kinderbetreuung und Entlastung von familiären Aufgaben und Problemen, Kostenentlastung und die Möglichkeit zu sozialen Lernformen scheinen mir vor dem Hintergrund der beschriebenen britischen Erfahrungen entscheidende Faktoren dafür zu sein, daß Frauen Fernunterrichtsangebote nutzen können. Die Erfahrungen des Modellversuchs haben dies bestätigt. Den Ansatz der Zusammenarbeit von Fernunterrichtsanbietern mit niedrigschwelligen Einrichtungen wie den Mütterzentren halte ich ebenfalls für erfolgversprechend. Es war der erste Versuch in der Bundesrepublik, Rahmenbedingungen für die Teilnahme an Fernunterricht so zu gestalten, daß Frauen bessere Teilnahmebedingungen haben. Der Versuch stellte einen Schritt auf dem Weg hin zu individualisiertem Lernen dar, das tatsächlich offen im Sinne von mehr Entscheidungsspielräumen über Aspekte wie Lernorganisation, Lernort und gewollte Unterstützung ist. Leider scheint es bislang kein auf die Zukunft gerichtetes Interesse der Fernunterrichtsanbieter zu geben, die Erfahrungen aufzugreifen und die Angebote entsprechend zu gestalten, etwa in Zusammenarbeit mit anderen Institutionen.

Rahmenbedingungen im Bildungssystem der Bundesrepublik Deutschland

In den bisherigen Ausführungen sind Faktoren, die eine Popularität von "Open Learning" für Frauen beeinflussen, genannt worden. Diese Faktoren sind außerdem bezogen auf das Vereinigte Königreich in den Kontext einer breiten Relevanz von "Open Learning" im dortigen System von Bildung und Beschäftigung gestellt worden. Die Bedingungen in diesem System scheinen der Akzeptanz und Einbeziehung von "Open Learning" förderlich zu sein und die Entwicklung "offener" Lernsysteme, die breite Gruppen ansprechen, vorangetrieben zu haben. Vor allem der Grad der Formalisierung wurde als bedeutungsvoller Aspekt eingestuft und soll nun hier für das Bildungssystem der Bundesrepublik Deutschland untersucht werden. Untersucht werden muß auch, wie Qualifikation hier definiert und erworben wird, um vor diesem Hintergrund Schlüsse darüber ziehen zu können, ob und wie bestehende Strukturen hier dem Charakter und der Gestaltung von "Open Learning" entgegenkommen oder entgegenstehen.

Bildungspolitik ist in Deutschland zunächst - wenn auch nicht im gleichen Umfang wie im Vereinigten Königreich - dezentral angelegt, indem sie in die Befugnis der Länder gestellt ist. Diese sind allerdings, anders als die Länder im Vereinigten Königreich, an zentral und bundeseinheitlich geregelte Rahmenbedingungen gebunden. Die Ausgestaltung des Bildungswesens ist Ländersache. Den Ländern obliegt auch weitgehend die Gesetzgebung für das Bildungswesen (Primar-, Sekundarbereich und Weiterbildung einschließlich Erwachsenenbildung). Allerdings werden über Bundesgesetze und Rechtsverordnungen Normen gesetzt, sowie über eine enge und institutionalisierte Zusammenarbeit der Länder in Bildungsfragen Absprachen getroffen, die eine sehr hohe Angleichung bewirkt haben und über weite Strecken gleiche Standards gewährleisten. Die Unterschiede zwischen den Bundesländern sind dadurch nicht annähernd so gravierend, wie dies im Vereinigten Königreich der Fall ist.

Im Schulischen Bereich dominiert bundesweit ein selektives dreigliedriges allgemeinbildendes Schulsystem im Sekundarbereich[16]. Es führt aufbauend auf vier Jah-

---

[16] In sehr geringem Umfang und nur in einigen der Bundesländer gibt es integrierte Gesamtschulen, siehe Kommission der Europäischen Gemeinschaften, 1991, S. 46 ff; In den neuen Bundesländern gibt es inzwischen ein angeglichenes Bildungswesen. Für das Gymnasium gilt allerdings dort eine nur 8jährige Schulzeit nach der Grundschule, die Diskussion über die bundesweite Vereinheitlichung hält an.

ren gemeinsamer Grundschule in aller Regel in getrennten Schultypen entweder nach 5 Jahren zum Hauptschulabschluß, nach 6 Jahren zur Mittleren Reife (Realschule) oder nach 9 Jahren zum Abitur (Gymnasium) Die Anforderungen innerhalb der Schultypen sind landesweit einheitlich und auch bundesweit weitgehend angeglichen. Die Abschlüsse entscheiden formal über den Zugang zu weiterführenden allgemeinbildenden Schulen und zu Universitäten und bestimmen informell Ausbildungschancen. Die gesetzliche Schulpflicht schreibt bundesweit Schulbesuch von 6-18 Jahren vor, nach dem 15. Lebensjahr allerdings in eingeschränktem Umfang (Berufsschule).

Formen beruflicher Qualifizierung: Die Vorrangstellung des dualen Systems

AbsolventInnen der Haupt- oder Realschulschulen, die im Anschluß keine weiterführende allgemeinbildende Schule und keine berufliche Vollzeitschule besuchen, müssen bis zu ihrem 18. Lebensjahr eine berufliche Schule in Teilzeit besuchen, idealerweise als Teil einer formalisierten Ausbildung. Sie treten in das System der beruflichen Bildung ein, das sich deutlich vom britischen System unterscheidet. Es sieht nämlich eine staatlich anerkannte und nach Bundes- bzw. Ländergesetzgebung formal geregelte Erstausbildung von mindestens zwei, in der Regel von drei bis dreieinhalb Jahren für diejenigen vor, die kein Studium aufnehmen.

Die wichtigste Rolle spielt dabei die Ausbildung im sogenannten dualen System (Lehre). Dabei handelt es sich um eine Ausbildung, die kombiniert in einem Betrieb und einer beruflichen Schule stattfindet und theoretische Kenntnisse und praktische Erfahrungen verknüpfen will. Während der Ausbildung im dualen System wird eine Ausbildungsvergütung durch die Betriebe gezahlt, deren Höhe gesetzlich oder über Tarifabkommen der Tarifpartner geregelt ist. Diese Ausbildungen gibt es in derzeit 380 Berufen, die über das Berufsbildungsgesetz durch die Bundesregierung geregelt sind. In Ausbildungsordnungen für jeden Beruf werden ein Berufsbild, ein Ausbildungsrahmenplan und Prüfungsanforderungen bundesweit bindend festgelegt. Die in Länderzuständigkeit zu erstellenden Rahmenlehrpläne für den berufsbegleitenden Unterricht werden damit abgestimmt. Ein zentrales Institut, das Bundesinstitut für Berufsbildung, ist mit der permanenten Weiterentwicklung der Berufsbilder betraut.

Die Prüfungen, immer theoretische und praktische, werden im dualen System von den verschiedenen Kammern abgenommen. Kammern sind Selbstverwaltungsorganisationen mit Pflichtmitgliedschaft der Unternehmen der verschiedenen Gewerbezweige (z.B. Industrie- und Handelskammer, Handwerkskammer, Rechtsanwaltskammer, etc.). Den Kammern obliegt die Aufsicht über die Ausbildungen, sie überprüfen die Einhaltung der Ausbildungsordnungen und die Eignung der Betriebe

zur Ausbildung. Wer ausbilden will, muß eine Reihe formaler Anforderungen erfüllen (z.B. MeisterIn-Brief und AusbilderInneneignungsprüfung für Ausbildende).
So zentral geregelt und formal festgelegt die Ausbildung verläuft, hat das duale System einige flexible Momente: Es wird kein formaler Schulabschluß vorausgesetzt, es gibt keine Altersbedingungen und die Ausbildung kann je nach schulischer Vorbildung verkürzt werden. In der Praxis ist es allerdings kaum möglich, einen Ausbildungsplatz zu finden, ohne mindestens den Hauptschulabschluß zu haben. Die Möglichkeit zur Verkürzung setzt in der Regel formal höhere allgemeinbildende Schulabschlüsse oder vorhandene andere anerkannte Ausbildungsabschlüsse voraus.
Der überwiegende Teil der 15-18jährigen durchläuft eine Ausbildung im dualen System. Eine anerkannte Ausbildung kann sonst noch durch eine schulische Berufsausbildung, z.B. an einer Berufsfachschule oder einer Fachschule,[17] erworben werden. Da diese Ausbildungen nicht mit betrieblichen Tätigkeiten verbunden sind, wird keine Ausbildungsvergütung gezahlt. Eine Reihe dieser Schulen sind staatlich anerkannte Privatschulen, die Schulgeld verlangen.

Häufig kann auf die Erstausbildung ein bundesweit geltender höher beruflicher Abschluß aufgebaut werden, der 1-2 weitere Jahre Vollzeitunterricht oder bis zu 4 Jahren berufsbegleitenden Theorieunterricht erfordert. Solche Abschlüsse sind z.B. TechnikerIn, MeisterIn, FachwirtIn, Fachkauffrau. Diese aufbauenden Angebote werden ebenfalls abgestimmt und von den Kammern oder staatlichen Behörden kontrolliert, die dafür genaue Bedingungen festschreiben. Ebenso wie bei der Erstausbildung gibt es eine Betonung der praktischen Berufserfahrung: Es sind in der Regel bestimmte Beschäftigungszeiten im Ausbildungsberuf bzw. in festgelegten Tätigkeitsfeldern notwendig, um zur Fortbildungsprüfung zugelassen zu werden. Ein Teil der Fortbildungsprüfungen (z.B. die Fachkauffrau-Abschlüsse) ist formal auch zugänglich, wenn keine berufliche Erstausbildung absolviert worden ist. In der Praxis ist das hürdenreich, denn es muß als Voraussetzung für einen Zeitraum von 5-6 Jahren nachgewiesen sein, daß die ausgeübte Tätigkeit der üblichen Tätigkeit in dem vorausgesetzten Berufsbild entsprach. Diese Fortbildungsabschlüsse eröffnen den Zugang zu mittleren Führunspositionen und werden teils über die Betriebe gefördert, teils privat finanziert. Im Rahmen des Arbeitsförderungsgesetzes werden sie seit 1994 nicht mehr bezuschußt. Es können seit 1996 nach dem Gesetz zur Förderung der beruflichen Aufstiegsfortbildung zinsgünsge Darlehen für anerkannte Fortbildungsabschlüsse in Anspruch genommen werden.

---

[17] Fachschulen sind in der Regel Einrichtungen der beruflichen Fortbildung und nicht der Erstausbildung. Sie setzten eine Ausbildung voraus. Wo sie Erstausbildung anbieten (z.B. die Fachschulen für Sozialpädagogik, Ausbildung zur Erzieherin) zählen sie in der Regel eigentlich zum Typ Berufsfachschule und werden förderungstechnisch auch so behandelt.

Neben den auf Aufstieg orientierten Fortbildungsangeboten gibt es ein breites Weiterbildungsangebot im Bereich der beruflichen Anpassungsfortbildungen, das wenig formalisiert ist und nicht mit bundes- oder landesweit einheitlichen Prüfungen endet. Es wird angeboten durch unterschiedliche Träger: Betriebe, Gewerkschaften, private Bildungsträger, Erwachsenenbildungseinrichtungen. Zuschüsse durch die Arbeitsverwaltung können nur Arbeitslose unter bestimmten Bedingungen erhalten. Der Charakter von Anpassungsfortbildung ist der einer Aktualisierung bestehender Kenntnisse und Fertigkeiten, wenn auch formale Ausbildungsabschlüsse als Zugangsvoraussetzungen nicht verlangt werden. Diese Fortbildungen verändern nicht den Status und die Einstufung einer ArbeitnehmerIn als Angelernte oder Ungelernte. Selbst wenn jemand innerhalb des Betriebes damit Statusverbesserungen erreicht, so haben sie bei einem Betriebswechsel nicht den gleichen Stellenwert, den eine abgeschlossene Berufsausbildung hat, auch wenn diese bereits vor 20 Jahren abgeschlossen wurde. Als beruflich qualifiziert gilt eine Person dann, wenn sie einen anerkannten Ausbildungsabschluß nach einer mindestens zweijährigen Ausbildung, im Idealfall einer Lehre, vorweisen kann.[18]

Da formalen Abschlüssen der beruflichen Erstausbildung eine Schlüsselfunktion beim Zugang zu qualifizierter Tätigkeit zukommt, gibt es Möglichkeiten, sie auf dem Weg der Weiterbildung nachzuholen, wenn sie nicht im Anschluß an die Schule erworben wurden. So ist es auch in Deutschland möglich, eine Externenprüfung abzulegen, um einen Abschluß nachträglich zertifizieren zu lassen. Die Externenprüfung ist im Berufsbildungsgesetz geregelt. Die Zulassung ist allerdings an hohe Voraussetzungen geknüpft, die indirekt Vorgaben zu den Wegen enthalten, auf denen die Kenntnisse erworben worden sind. Das Berufsbildungsgesetz sieht vor, daß eine Person an Externenprüfungen teilnehmen kann, wenn sie entweder mindestens das Doppelte der Ausbildungszeit (in der Regel also mindestens sechs Jahre) ohne Abschluß in diesem Beruf bzw. in mehreren Tätigkeitsfeldern dieses Berufs gearbeitet hat, oder wenn sie nachweislich auf sonstigen Wegen erforderliche Kenntnisse erworben hat. Diese zweite Alternative spielt in der Praxis kaum eine Rolle, sie wird auf Personen angewendet, die eine Lehre oder entsprechende Schulausbildung durchlaufen, aber nicht abgeschlossen haben und die Praxisverknüpfung vorweisen. Wer nach der ersten Variante die Prüfung ablegen will, muß nachweisen, daß Tätigkeiten zum Aufgabenfeld gehört haben, die eigentlich erst durch die Ausbildung zugänglich sind. Die indirekt getroffene Festlegung auf bestimmte Wege, die für einen nachträglichen Erwerb des Berufsabschlusses beschritten werden müssen, das heißt, die Festlegung auf bestimmte Vorgehensweisen und

---

[18] Dies ist in der Anordnung zu Fortbildung und Umschulung nach dem Arbeitsförderungsgesetz festgelegt. Eines der wichtigsten Ziele aktiver Arbeitsmarktpolitik nach dem 1997 zur Neuordnung anstehenden AFG ist es bislang noch, Personen ohne Berufsabschluß zu einer anerkannten Qualifikation zu verhelfen.

Methoden, wird an späterer Stelle noch einmal aufgegriffen. Es ist ein wichtiger Punkt, an dem flexible Handhabungen scheitern können.

Für Personen, insbesondere Frauen, die ihren Beruf wechseln wollen, oder eben nur in verwandten Gebieten gearbeitet haben, stellt eine Externenprüfung aufgrund der Voraussetzungen keine Möglichkeit dar, sich Zugang zu einem neuen Beruf oder Status zu verschaffen.[19] Welche Möglichkeiten haben sie also?

Theoretisch könnte eine Frau eine Ausbildung machen, wenn sie mit der geringen Ausbildungsvergütung (im Durchschnitt 1995 ca. 800 DM monatlich im ersten Lehrjahr)[20] auskommen kann. Wenn sie allerdings nicht gerade in einen "Mangelberuf" strebt,[21] stellt sich das in der Praxis als schwierig dar: Sie muß einen Betrieb dafür finden, Betriebe nehmen aber nahezu ausschließlich SchulabgängerInnen.

Der übliche für Erwachsene gedachte Weg in diesem Fall ist jedoch der der Umschulung, über die in kompakter Form Kenntnisse für einen neuen Beruf erlangt und die Prüfung abgelegt werden kann. Eine Umschulung kann von der Arbeitsverwaltung für auf dem Arbeitsmarkt Benachteiligte finanziert bzw. bezuschußt werden. Allerdings nur, wenn die Arbeitsverwaltung dies für sinnvoll hält, und wenn jemand bisher keinen anderen verwertbaren Berufsabschluß hat oder den Beruf aus gesundheitlichen Gründen nicht mehr ausüben kann. Eine Umschulung kann im Betrieb als Einzelmaßnahme stattfinden. Häufiger werden Umschulungen von einem Bildungsträger als überbetriebliche Maßnahme mit einer betrieblichen Praktikumsphase organisiert. Die Umschulung vermittelt die gleichen Inhalte wie die Ausbildung, sie ist allerdings gegenüber der Ausbildung um meist ein Jahr verkürzt. In aller Regel muß jemand 21-24 Monate in Vollzeit einsetzen und durch die Verdichtung enormen Lernaufwand erbringen.

Es kann zusammenfassend festgestellt werden, daß es für den Zugang zu qualifizierten Tätigkeiten notwendig ist, ein Zertifikat zu haben, das über eine formalisierte Ausbildung zu erlangen ist. Ausbildungsinhalte mitsamt den Theorie- und Praxisanteilen sind über Ausbildungsordnungen festgeschrieben. Sie sind damit in hohem Maße bundesweit zentral geregelt, wenn auch die Organisation z.B. durch

---

[19] Für eine Zulassung zur Prüfung für den Abschluß Bürokauffrau reicht es beispielsweise nicht, eine lange Berufspraxis in Sekretariat und Büroorganisation nachweisen zu können. Es müssen auch Tätigkeiten in mindestens einem weiteren wichtigen Tätigkeitsbereich des Berufs belegt sein, zum Beispiel im Rechnungswesen. Hierbei gibt es Ermessensspielräume.

[20] Detaillierte Aufschlüsselung nach neuen und alten Ländern und Berufssparten siehe Berufsbildungsbericht 1996 S. 88 ff. Die Vergütung in vielen frauentypischen Ausbildungsberufen liegt häufig erheblich niedriger.

[21] Berufe, in denen potentiell ein Mangel an Arbeitskräften herrscht, sind oft aufgrund schwieriger Bedingungen sogenannte Mangelberufe: geringe Bezahlung, Abend-, Nacht- oder Schichtarbeit etc. Für Frauen kommen Berufe wie Bäckerin, Friseurin oder Krankenschwester aber oft nicht in Frage, weil sie keine zu den Arbeitszeiten passende Kinderbetreuung finden.

die Kammern, dezentral erfolgt. Da die Prüfungen sich, anders als im Vereinigten Königreich, immer auf Theorie und Praxis beziehen (im Vereinigten Königreich waren die Abschlußprüfungen bislang stark theoriebezogen und auf Kenntnisse ausgerichtet), ist praktische Tätigkeit im entsprechenden Tätigkeitsfeld und der Nachweis von Fertigkeiten immer Voraussetzung. Für Externenprüfungen werden bereits Tätigkeiten vorausgesetzt, für die eine Prüfung in der Realität oft erst Zugang verschafft.

Ein flexibles Moment sind die Spielräume, die den Institutionen zugestanden sind, die für die Zulassung zur Externenprüfung verantwortlich zeichnen. Die genauen inhaltlichen Voraussetzungen dafür sind nicht gesetzlich oder zentral festgelegt. Für die, die aufgrund solcher Spielräume zugelassen werden, erweist es sich oft als schwierig, sich fehlende Kenntnisse und Fertigkeiten grundlegend anzueignen. Die Kurse zur Prüfungsvorbereitung sind in der Regel nicht dafür geeignet. Sie dienen lediglich der Auffrischung und Vorbereitung auf die Prüfungssituation, oft nur auf die theoretische Prüfung.[22]

Die Reglementierung der Wege zur Qualifizierung

Es gibt im deutschen Bildungssystem gegenüber dem britischen im Zusammenhang mit zentralen, formalisierten Strukturen das zusätzliche Phänomen, daß es festgefügte Vorstellungen über Wege zur Erlangung von beruflichem Wissen und Können gibt. Diese Wege, d.h. Vorgehensweisen und Methoden, leiten sich aus den Strukturen der stark formalisierten Erstausbildung für Jugendliche ab: Bei ihnen findet der Erwerb von Kenntnissen und Fertigkeiten im Betrieb, allenfalls in überbetrieblichen Ausbildungs- oder Umschulungsstätten und in den dafür eingerichteten Berufsschulen im genau geregelten Theorie-Praxis-Verhältnis statt. Die Vermittlung von Inhalten im Betrieb erfolgt durch FachspezialistInnen, die sich vorher formal als AusbilderInnen qualifizieren müssen. Die Inhalte werden über Unterricht und am demonstrierten Beispiel vermittelt. Praktisches Lernen erfolgt vor allem am Modell. Neuere Ausbildungsmethoden, die stärker das eigenständige Erarbeiten von Inhalten trainieren, etwa die Leittextmethode, setzen sich schwer durch. Für die Umschulung und die Weiterbildung, dort also, wo Standards nicht im gleichen Maße vorgeschrieben sind, werden diese Standards dennoch zum Maßstab. Neben der Umschulung gilt dies insbesondere für die abschlußbezogene Aufstiegsfortbildung.

Weil mit den formalen Strukturen gut erschlossene Wege vorgegeben sind, scheinen sie sich als die eigentlichen, die "richtigen" Wege zur Erlangung von Wissen etabliert zu haben. Der (Trug)Schluß zu der Annahme, es handele sich um die

---

[22] Siehe Darstellung der Ergebnisse des Forschungsprojektes „Wege zur Externenprüfung" (Bundesinstitut für Berufsbildung Berlin) in Berufsbildungsbericht 1993, S.93ff.

einzig richtigen Wege, liegt zumindest nahe, nachdem Vorgehensweisen, Institutionen und Methoden im beschriebenen Umfang etabliert wurden und die solcherart geregelte Ausbildung in vielen europäischen Ländern als vorbildlich gilt. Hierin könnten Teilantworten auf die Frage liegen, warum "offene" Lernsysteme, deren Fokus auf der Erarbeitung von Wissen/Fertigkeiten durch Lernende liegt, in Deutschland so eine geringe Rolle spielen und, soweit sie im Bereich der Weiterbildung existieren, wenig bekannt sind.

Über Fernunterricht, der sich wesentlich auf die Aufbereitung theoretischer beruflicher Inhalte konzentriert, kann man keine Erstausbildung absolvieren. Es ist jedoch möglich, sich mittels Fernunterricht auf eine Externenprüfung vorzubereiten. Eine eher theoretische Möglichkeit: Die im Rahmen des vorne genannten Forschungsprojektes des Bundesinstitutes für Berufsbildung „Wege zur Externenprüfung" erhobenen Daten zeigten auf, daß Fernunterrichtsangebote nur 1% der zu Externenprüfungen führenden angebotenen Kurse ausmachen. Angebote in Fernunterricht /-studium, die zu anerkannten Abschlüssen führen, gibt es eher im Bereich der Aufstiegsfortbildungen. Dort sind die Inhalte und die Zulassung gleichermaßen strikt geregelt wie bei entsprechenden Nahunterrichtsangeboten.

Zusätzlich gibt es bei Fernunterrichtsangeboten formale Regelungen bezüglich der Ausgestaltung, wenn diese Angebote individuell bezuschussungsfähig sein sollen. Nahunterricht und der Umfang des Nahunterrichts werden in diesem Fall zwingend vorgeschrieben. Das gilt bei der Förderung nach dem Arbeitsförderungsesetz (nur noch möglich für Erwerbstätige ohne Berufsabschluß zur Vorbereitung einer Externeneprüfung). Es gilt auch bei der Förderung der Aufstiegsfortbildung nach dem seit 1.1.1996 geltenden Aufstiegsfortbildungsförderungsgesetz (AFBG). Dies kann als Hinweis auf eine offizielle Sichtweise über "richtige" Lernwege mit der "richtigen" Lernform, nämlich dem Direktunterricht in der Gruppe gewertet werden. Das kann nicht ohne Einfluß auf das Ansehen der Lernsysteme bleiben, die andere Lernformen erfordern oder den Einzelnen größere Entscheidungsspielräume eröffnen.

Auch beim Studium an der Fernuniversität Hagen gibt es keinerlei Öffnung, was beispielsweise die Zulassung zum Studium betrifft. Es ist für ordentlich Studierende das Abitur erforderlich. Selbst die Lernorganisation ist reglementiert, indem die durchzuarbeitenden Unterlagen im von der Fernuniversität festgelegten Takt eintreffen.

Es ist generell bei der Weiterbildung mit dem Ziel eines anerkannten Abschlusses zu beobachten, daß die prüfenden Institutionen Kontrolle über den Lernweg ausüben. Es ist in der Regel beim Antrag zur Prüfungszulassung bei Externenprüfungen zu beschreiben, welche Vorgehensweisen und Methoden zur Aneignung von theoretischen und praktischen Kenntnissen angewendet wurden. Dies gilt nicht nur für Berufsabschlüsse, sondern auch für Schulabschlüsse, die auf dem Wege der Weiterbildung nachgeholt werden. So kann sich in Baden-Württemberg niemand zur Externenprüfung Abitur anmelden, um allein durch die bestandene Prüfung nachzuweisen, daß die erforderlichen Kenntnisse vorhanden sind. Jede Person muß nach der geltenden Prüfungsordnung, um überhaupt zugelassen zu werden, darstellen und gegebenenfalls nachweisen, wie sie die Kenntnisse erlangt hat. Wenn der Lernweg nicht überzeugt, wird sie nicht zugelassen. Wer sich Inhalte, Kenntnisse und Fähigkeiten eigenständig erarbeitet, ohne Kursbesuch oder auch vorbereitenden Fernkurs, hat große Schwierigkeiten, die für die Zulassung verantwortlichen Behörden zu überzeugen, selbst wenn Freunde, Eltern etc. benannt werden, die unterstützend einbezogen waren. In einem streng formalisierten Bildungssystem werden solche Lernformen mißtrauisch betrachtet. Und nicht nur von den Prüfungsinstanzen, sondern auch von Bildungswilligen. Es ist in diesem Zusammenhang zu fragen, ob und inwieweit die Form der öffentlichen Akzeptanz von Lernsystemen gerade für Wiedereinsteigerinnen eine wichtige Rolle spielt, wenn sie sich aus dem Bereich der gesellschaftlich gering bewerteten Familienarbeit herausbewegen wollen.

Beschäftigungspolitische Relevanz von erworbenen Qualifikationen

Wie beschrieben kommt Berufsabschlüssen große Bedeutung als Türöffner zu qualifizierter Tätigkeit zu. Wer sich innerhalb eines Betriebes dennoch allmählich "hocharbeitet" ohne parallel ein entsprechendes, möglichst bundesweit anerkanntes Zertifikat zu erlangen, hat bei einem Betriebswechsel Probleme, den erreichten Status zu halten.

Die Vorgehensweisen und Methoden zur Erlangung von Abschlüssen sind im deutschen Bildungssystem strenger reglementiert als im britischen, mit den beschriebenen Folgen für individualisierte Lernsysteme. Solchen Lernsystemen wird möglicherweise nicht zugetraut, die geforderte und vielleicht wünschenswerte Theorie-Praxis-Verknüpfung zu leisten. Ob hier Ursachen für die geringe Nutzung liegen und von welcher Seite aus die Vorbehalte am stärksten bestehen - Bildungswillige, Anerkennungs- und Prüfungsinstanzen oder Arbeitgeber - ist allerdings bislang kaum untersucht.

Die Forschungsgruppe Kammerer hat 1987 im Auftrag des Bundesministeriums für Bildung und Wissenschaft aufgrund häufiger Vorbehalte gegen Fernunterricht den Einfluß der Vorbereitungsmethoden auf die Verwertung erworbener Fortbildungsabschlüsse im kaufmännischen und technischen Bereich untersucht. Dabei stellte sich heraus, daß Absolventen von Fernkursen ihre Abschlüsse nach der Prüfung im gleichen Maße zum Aufstieg bzw. der Verbesserung ihrer Situation nutzen konnten, wie Absolventen von Nahunterrichtskursen. Das deutet auf eine Akzeptanz, zumindest bei den Fortbildungsabschlüssen über Fernunterricht, durch die Arbeitgeber hin.

Auf dem Arbeitsmarkt besteht aber nach wie vor keine Akzeptanz gegenüber völlig unabhängiger Kenntnisaneignung, zumindest wenn es um Bezahlung und Status geht. Wer sich Fähigkeiten angeeignet hat, kann diese erst "verkaufen", wenn ein Zertifikat diese Fähigkeiten bescheinigt. Im Sozialbereich wird dies besonders deutlich, wo die verantwortungsvollsten Tätigkeiten - von der Kinderbetreuung über die Arbeit mit Randgruppen bis hin zur Altenarbeit - im Ehrenamt ausgeübt werden können, wenn im Privatbereich Erfahrungen vorliegen (Pflege Angehöriger, Erziehung eigener Kinder etc.). Den Zugang zu einer abgesicherten Stelle in diesem Bereich erschließen solche im Privatbereich erworbenen nicht-zertifizierten Fähigkeiten und Fertigkeiten nicht. Für die Anstellung und Bezuschussung als Fachkraft sind Berufsabschlußzertifikate erforderlich. Nicht-zertifizierte Fähigkeiten und Fertigkeiten erleichtern noch nicht einmal den Zugang zu einer Ausbildung für den entsprechenden Beruf, auch dann nicht, wenn sie in der Praxis "bewiesen" wurden.[23]

Wer beim Wiedereinstieg nach der Familienphase ein aktuelles Zertifikat vorweisen kann, das eine Auffrischung von Kenntnissen dokumentiert, hat bessere Chancen, zum Vorstellungsgespräch eingeladen zu werden. Ein Zertifikat hat einen anderen Stellenwert als die eigene Darstellung von Fähigkeiten. Wer sich ohne Kurs, z.B. durch Selbstlernprogramme und das Durcharbeiten von Büchern, Kenntnisse auffrischt, die sich nicht über ein Zertifikat dokumentieren, hat ebenso wie im Bildungssystem auch im Beschäftigungssystem Probleme, ernstgenommen zu werden. Die kritische Haltung gegenüber Lernsystemen, die vom "richtigen" Weg abweichen, spiegelt sich im Beschäftigungssystem wider. Während also die Auffrischung bzw. die Erlangung von EDV-Kenntnissen im Open Learning Centre von Barry auf dem dortigen Arbeitsmarkt geeignet ist, die Chancen tatsächlich zu verbessern, würde solchermaßen angeeignetes Wissen hier möglicherweise kritisch betrachtet. Insbesondere dann, wenn auf diesem Weg grundlegend neue Kenntnisse für den Wechsel in einen anderen Tätigkeitsbereich erworben werden.

Fazit

Während "Open Learning" im Vereinigten Königreich vielfältig öffentlich gefördert und mit öffentlichen Zuschüssen weiterentwickelt wird, fristen "offene"

---

[23] Die strikten Zugangsregelungen bezüglich der Erzieherinnenausbildung in Baden-Württemberg wurden bereits in Teil I erwähnt. Ähnlich unerreichbar ist eine Verkürzung der Berufsausbildung zur Krankenschwester, selbst wenn eine Ausbildung zur Arzthelferin und 10 Jahre Tätigkeit im Krankenhaus vorliegen. Zu Ausnahmen sehen sich die Prüfungsinstanzen Oberschulamt bzw. Regierungspräsidium nicht ermächtigt.

Lernsysteme in der Bundesrepublik ein Schattendasein und sind wenig bekannt. Dies könnte, wie gezeigt, zum einem mit dem Qualifikationsbegriff in Deutschland zusammenhängen, der Fähigkeiten, Kenntnisse und Fertigkeiten nur in komplexen und festgelegten Zusammenhängen und in festgeschriebener Kombination als Qualifikation anerkennt.

Wo "offene" Lernsysteme dem versuchen, gerecht zu werden (zu dem Preis, in vielen Aspekten nicht "offen" sein zu können), scheinen sie, wie im Falle des Fernstudiums oder der Aufstiegsfortbildung über Fernunterricht, weniger als gleichwertige Alternative, sondern eher als Sonderfall der Bildung betrachtet zu werden: Als Sonderfall, der deshalb besonders zu regeln ist, weil sonst Qualitätsverlust droht. Dabei spielen nicht allein gesetzliche Regelungen eine Rolle, sondern auch gängige Handhabungen. Es ist in der Ausbildung eine Dominanz des Dualen Systems festzustellen, dessen Organisation sich auch in der Weiterbildung niederschlägt. Wer über Weiterbildung einen Berufsabschluß nachholen will, hat lange Praxiszeiten in bestimmten Tätigkeiten nachzuweisen. Das Prinzip der engen Verknüpfung von Theorie und Praxis, von Wissen und Kenntnissen mit in der Praxis erworbenen Fertigkeiten, das die duale Ausbildung leitet, ist durchaus positiv zu bewerten. Doch hier wird es in einer Weise verabsolutiert, die Chancen verhindert. Spielräume, die bestehen, werden kaum genutzt, z.B. die Regelung, wonach auch anders als über Praxiszeiten nachgewiesen werden kann, daß Kenntnisse und Fertigkeiten vorliegen.

Es ist weiter eine Haltung zu Lernen festzustellen, die Lernen auf feste Gruppen und auf Nahunterricht festschreibt. Dort findet "anerkannt" Lernen statt. Andere Lernformen werden tendenziell als Sonderwege betrachtet und müssen, um als gleichwertig akzeptiert zu werden, mit Nahunterricht angereichert sein. Hier scheint ein Widerspruch zu der an früherer Stelle getroffenen Feststellung zu liegen, wonach die Fähigkeit, möglichst unabhängig von anderen zu lernen, als höherwertiger im Sinne größerer Autonomie angesehen wird als die Bevorzugung von sozialen Lernsituationen. Diese Position ist zunächst vor allem aus der Fernunterrichtsforschung bekannt und bezogen auf das System Fernunterricht/ -studium ausgeführt. Insgesamt muß meiner Ansicht nach die auch außerhalb von Fernunterricht/ studium vorhandene Wertschätzung der Fähigkeit, möglichst unabhängig von anderen zu lernen, nicht unbedingt mit einer hohen Wertschätzung individualisierter Lernsysteme verbunden sein: dann nämlich nicht, wenn mit der Bevorzugung von Gruppen- bzw. Nahunterricht nicht die höhere Einschätzung sozialer Lernsituationen, sondern vielmehr Aspekte wie stärkere Kontrolle und Wettbewerb/Vergleichbarkeit im Vordergrund stehen.

Das Beispiel des "verordneten" Nahunterrichtes als Voraussetzung zur Förderung nach dem Arbeitsförderungs- und dem Aufstiegsfortbildungsförderungsgesetz zeigt, wie die Organisation des Bildungssystems und hier vor allem der Grad der

Formalisierung, deutlichen Einfluß auf die Akzeptanz von Lernsystemen nehmen, ihre Nutzung fördern oder bremsen kann. Dies spiegelt sich auch auf dem Arbeitsmarkt wider, auf dem zur Verwertung von Kenntnissen ebenfalls die Wege eine Rolle spielen, über die die Kenntnisse erworben worden sind. Das öffentliche Ansehen individualisierter Lernsysteme und selbstgestalteten Lernens scheint in Deutschland zumindest dann gering, solange sich keine Zertifikate von bundes-/landesweiter Bedeutung damit erwerben lassen.

Es gab in der Bundesrepublik keine nennenswerte Weiterentwicklung offener Lernsysteme im Sinne einer Ausdehnung der Lernsysteme über Fernunterricht/ Fernstudium hinaus und im Sinne einer Ausdehnung des Umfangs "offener" Angebote. Während die Angebote der britischen Open University auch in anderen Institutionen genutzt und eingesetzt werden, während "offene" Angebote beispielsweise an den Fachhochschulen im Vereinigten Königreich sich mit dem Direktstudium verbinden lassen, ist ähnliches in der Bundesrepublik mit den Materialien der Fernuniversität nicht gelungen. Auch andere Ansätze konnten eine "Öffnung" der Lernsysteme in diesem Sinne nicht erreichen. Das Deutsche Institut für Fernstudienforschung (DIFF) in Tübingen, das "offene" Materialien für die akademische Aus- und Weiterbildung entwickelt, konnte beispielsweise nicht erreichen, die Verwendung solcher Materialien an Universitäten als flexible Alternative zu etablieren.

Die geringe Nutzung der in Aspekten "offenen" Angebote insgesamt und vor allem durch Frauen kann auch darauf zurückgeführt werden, daß die Unterstützungssysteme nicht weiterentwickelt wurden. Damit ist die Nutzung lediglich für eine kleine Gruppe attraktiv und insbesondere für Frauen offensichtlich sehr wenig anziehend.

Perspektiven und Ansatzpunkte für den Einsatz von "Open Learning"-Elementen in der Weiterbildung von Frauen in Deutschland

Übertragungsprobleme

Die bisherigen Ausführungen haben deutlich gemacht, daß "Open Learning" im Vereinigten Königreich ein breiteres Spektrum individualisierter Lernsysteme umfaßt, als sie in der Bundesrepublik Deutschland zugänglich sind. In der Weiterbildung von Frauen und für die Zielgruppe, auf die ich mich konzentriert habe, scheinen insbesondere die Unterstützungsformen und die Existenz von Lernbasen eine wichtige Rolle für die Relevanz und für die faktische Nutzung von "Open Learning"- Elementen zu spielen. Dies muß daher für Deutschland reflektiert werden. Dennoch lassen sich die britischen Erfahrungen nicht einfach übertragen, etwa durch eine Einrichtung von Open Learning Centres in Deutschland nach britischem Vorbild.[24]

Übertragungsprobleme ergeben sich insbesondere daraus, daß die Bildungssysteme der beiden Länder stark differieren. Aus meinen geschilderten Beobachtungen ergibt sich der Eindruck, daß im Vereinigten Königreich eine Integration individualisierter Lernsysteme ins Bildungssystem, insbesondere in das System der beruflichen Aus- und Weiterbildung aufgrund dessen Strukturen leichter möglich ist, als das in der Bundesrepublik der Fall ist. Für sehr wichtig halte ich außerdem, daß diese Integration im Vereinigten Königreich politisch stärker gewollt zu sein scheint - auf verschiedenen Ebenen der Bildungspolitik. In Deutschland gibt es zwar auf der politischen Ebene auch offizielle Ermutigung, individualisiertes Lernen stärker einzubeziehen. Der in Teil zitierte Bericht der Enquete-Kommission "Zukünftige Bildungspolitik - Bildung 2000" zeugt davon. Allerdings bleiben solche Überlegungen eher visionär und setzen sich nicht massiv genug in die Länderpolitik und vor allem in die Körperschaften und Gremien hinein fort, die über die Qualität von Aus- und Weiterbildung zu wachen haben.

Das heißt, im Vereinigten Königreich sind schon die Randbedingungen in der Anlage des Gesamtsystems andere als in der Bundesrepublik Deutschland. Es kann also nicht um die Übertragung von Erfahrungen im Sinne einer Übernahme von im Vereinigten Königreich bewährten Regelungen oder Einrichtungen gehen. Es geht

---

[24] Die Open Learning Centres funktionieren im übrigen nur auf der Grundlage eines hohen Anteils ehrenamtlicher und ungesicherter Arbeit und können in diesem Punkt jedenfalls kein Modell für Deutschland sein.

auch nicht darum, das britische System von allgemeiner und beruflicher Bildung als mögliches Vorbild für Deutschland aufzubauen. Die Formalisierungen im deutschen Bildungssystem haben viele positive Seiten, indem sie beispielsweise überall nachvollziehbare und vergleichbare Fähigkeiten und Fertigkeiten festlegen und indem über ein Zertifikat auch ein gewisser Schutz vor Abstieg und willkürlich schlechterer Bezahlung entsteht.

Im Sinne eines Abbaus starrer Regelungen und hoher Hürden muß danach geforscht werden, inwieweit sich die britischen Erfahrungen auswerten und nutzen lassen für eine Umgestaltung im deutschen Bildungssystem, die zu mehr Akzeptanz unterschiedlicher Lernformen führt. Es ist zunächst wichtig, die Öffnung von Lernsystemen und individualisiertes Lernen in den Rahmen unseres Bildungssystems zu setzen und dort nach Spielräumen zu suchen, die bereits genutzt werden könnten und bisher nicht genutzt werden. Insbesondere muß die Vorstellung des "einzig richtigen" Weges zur Erlangung von Qualifikation aufgeweicht werden. Es geht nicht darum, Formalisierung an sich anzugreifen, sondern darum, Elemente von "Open Learning" einzubeziehen, wo und wenn dies zu einer neuen Qualität in der Weiterbildung, insbesondere von Frauen, führen kann. Das schließt auch Überlegungen zu einer veränderten Organisation beruflicher Bildung ein.

Öffnung für neue Ansätze vor dem Hintergrund aktueller Entwicklungen

Eine Umgestaltung in der beruflich orientierten Weiterbildung scheint nicht allein aus frauenpolitischen Gründen, sondern auch aufgrund von aktuellen krisenbedingten Entwicklungen in Deutschland sowie aufgrund von Entwicklungen im Rahmen der Europäischen Union dringlich.

Über Umgestaltung muß inzwischen auch deshalb nachgedacht werden, weil die bisherigen Strukturen der öffentlichen Förderung von beruflicher Weiterbildung (nicht Ausbildung) zusammenbrechen und sich damit das Angebot selbst verändert. Die über das Arbeitsförderungsgesetz geregelte aktive Arbeitsmarktpolitik hat bisher deutlichen Einfluß auf das beruflich orientierte Weiterbildungsangebot außerhalb der von Betrieben für die MitarbeiterInnenschulung organisierten Angebote genommen. Die Arbeitsverwaltung stellte bislang - trotz massiver Einschnitte vor allem seit 1990 - ein umfangreiches öffentlich gefördertes Angebot an Weiterbildung sicher, das unter anderem Frauen nach einer Familienphase als besonders zu fördernder Zielgruppe offenstand - wenngleich es häufig nicht oder zu wenig auf deren Bedürfnisse zugeschnitten war. Durch die Förderrichtlinien nach dem Arbeitsförderungsgesetz wurde gleichzeitig die Gestaltung von Angeboten beeinflußt bzw. bestimmt. Künftig wird sich das Angebot an langfristigen überbetrieblichen Umschulungen, mit denen ein Ausbildungsabschluß nachgeholt werden kann, vermutlich weiter verringern. Die Arbeitsverwaltung wird die Finanzierung nicht mehr im bisherigen Umfang übernehmen. Schon seit der 10. Novelle des Arbeitsförderungsgesetzes 1994 wurde verstärkt auf betriebliche Umschulungen gesetzt.[25] Ebenso werden Anpassungsmaßnahmen und Fortbildungen künftig in sehr viel geringerem Umfang finanziert werden, wodurch sich das Angebot verringern wird. Es zeichnet sich ein Trend zu kürzeren Maßnahmen ab. Das bedeutet bei allen negativen Konsequenzen, daß nun über neue Formen von Weiterbildung nachgedacht werden muß. Denn auf Weiterbildung werden in der aktuellen krisenhaften Situation bei wachsender Arbeitslosigkeit und aufgrund von Strukturveränderungen in der Wirtschaft immer mehr Menschen angewiesen sein.

Es stellt sich die Frage, ob beim Nachdenken über neue Formen der Weiterbildung gleichzeitig starre Regelungen, die Frauen den Zugang zum Weiterbildungsangebot erschweren, aufgehoben werden können und somit aus erzwungenen Veränderungen positive Ansätze entwickelt werden können. Die vorne geschilderten Erfahrungen der Beratungsstellen und Forschungsarbeiten zum Thema Berufsrückkehr zeigen deutlich, daß Weiterbildungsangebote, um Bedürfnissen von Frauen zu entsprechen, deutlich flexibler gestaltet werden müssen. Sie müssen z.B. mehr zeitliche Spielräume zulassen.

Der Zwang zu kürzeren Maßnahmen könnte zum Nachdenken über ein Weiterbildungssystem in kleineren Einheiten genutzt werden, bis hin von der Verknüpfung von einzeln und flexibel belegbaren Einheiten zu Ausbildungen. Dies soll an späterer Stelle ausführlicher erörtert werden. Dabei wird auch über die Rolle individualisierten Lernens und über Unterstützungssysteme für solcherart flexibel Lernende nachzudenken sein. Flexibilisierung ist nicht unbesehen positiv, sie braucht flankierende Maßnahmen.

Veränderungen in die angesprochene Richtung waren seither aufgrund der bestehenden Strukturen kein Thema. Dabei hat beispielsweise die bisherige Umschulungspolitik viele Frauen von Förderung ausgeschlossen, die nicht in Vollzeit und nicht über einen langen Zeitraum im Block an Weiterbildung teilnehmen konnten. Umschulungen mit verkürzter täglicher Unterrichtszeit, die für Frauen seit 1989/90 in einigen Berufen angeboten wurden, waren mühsam durchgesetzt worden und verlängerten die Dauer der Maßnahme. Die Dauer ist allerdings förderungsrechtlich nur begrenzt auszudehnen und 1994 weiter eingeschränkt worden. Um ein zeitlich flexibles Angebot aufrechtzuerhalten, setzen Bildungsträger nun auch in Gruppen-

---

[25] Bisher haben sie keine große Bedeutung. Daß sich das ändert, ist kaum anzunehmen, da das Lehrstellenangebot schon für die SchulabgängerInnen nicht ausreichend ist. Der Anreiz der geringeren Kostenbelastung durch UmschülerInnen wurde mit der 10. Novelle des AFG aufgehoben. Für Frauen sind die Hürden zudem größer als für Männer, einen Umschulungsplatz im Betrieb zu finden, da Arbeitgeber aufgrund der Kinderbetreuung Ausfallzeiten befürchten.

maßnahmen Selbstlernmaterialien ein, mit denen sich Lerninhalte teilweise außerhalb des Unterrichts zu Hause erarbeiten lassen. An diesem Beispiel zeigt sich, daß bei neu zu entwickelnden Konzepten Formen individualisierten Lernens künftig durchaus eine größere Rolle spielen könnten, vor allem, wenn sie kostengünstigere Möglichkeiten der Qualifizierung eröffnen, als dies die bisherigen Konzepte tun. Bei weiteren Einschnitten in Leistungen der aktiven Arbeitsmarktpolitik könnten Bildungsträger solche Lernformen zudem aufgreifen, um alternativ zu längeren Kompaktmaßnahmen fortlaufend kurze Einheiten anzubieten, die sich individuell zusammenstellen lassen.

Die Arbeitsförderung wird derzeit neu geordnet. Der Entwurf für ein neues Arbeitsförderungsgesetz, das 1997 bzw. 1998 wirksam werden soll, kommt den Tendenzen zu kürzeren Maßnahmen entgegen. Der Entwurf sieht massive Einschnitte bei der individuellen Förderung vor. Gleichzeitig schafft er - auch dies vor dem Hintergrund von Kostenüberlegungen - bessere Voraussetzungen für ein modulares Stufenkonzept von Qualifizierung und wertet individualisierte Lernformen auf. Einige Bildungsträger bieten bereits jetzt Auffrischungs- und Anpassungsmaßnahmen in mehreren Bausteinen oder Modulen an, die sowohl in einer vorgeschriebenen Kombination als auch einzeln belegt werden können. Dieser Ansatz, Weiterbildung in Gruppenmaßnahmen stärker zu individualisieren, könnte Auftrieb erhalten. Er soll an späterer Stelle in Bezug auf die Erlangung qualifizierter Berufsabschlüsse ausführlich diskutiert werden.

Wenn es künftig nur ein minimales Angebot an Gruppenmaßnahmen der Weiterbildung gibt, könnte auch traditionellen individualisierten Lernsystemen, das heißt vor allem dem Fernunterricht und dem Fernstudium, größere Bedeutung zuwachsen als bisher. Allerdings ist fraglich, ob die bisherigen Angebote verstärkt auch von den Frauen genutzt würden.

Es erscheint mir dringend notwendig, eine breite Diskussion über neue Modelle der Weiterbildung zu führen, damit der immer wieder benannte Kostengesichtspunkt nicht vor allen anderen Gesichtspunkten die Ideen zur Ausdehnung von individualisierten Lernformen dominiert. Es stellt sich die Frage, inwieweit für neue Konzepte "Open Learning"-Elemente im Sinne individualisierter Lernsysteme eingebunden werden können, die tatsächlich positive Ansätze für Frauen mit sich bringen und nicht Frauen noch weitergehend von Weiterbildung ausschließen als die alten Konzepte.

Umstrukturierungen im deutschen Bildungssystem scheinen mir auch im Zusammenhang mit der angestrebten Angleichung im Rahmen der Europäischen Union notwendig zu sein. Derzeit wird an einem europäischen Berufsbildungspaß gearbeitet, der Qualifikation dokumentieren und EU-weiten Zugang zu Arbeitsmarkt und Weiterqualifizierung erleichtern soll. Dafür muß Vergleichbarkeit geschaffen werden. Es entsteht damit Druck, die stark formalen deutschen Regelungen aufzuweichen und mehr Wege auf ein Ziel hin beschreitbar zu machen. Die britischen Umwälzungen im Bildungssystem, vor allem im System der beruflichen Bildung, sind ebenfalls vor dem Hintergrund von EU-Entwicklungen und durch den Druck, Vergleichbarkeit zu schaffen und im EU-Rahmen wettbewerbsfähig zu sein, zu sehen. Das führt dort umgekehrt dazu, Formalisierungen und einheitlichen Standards mehr Gewicht zu geben.

Das „Open Learning"-Projekt Telcom

Die Universität Erlangen, FIM Psychologie, führt von September 1995 bis Dezember 1997 das Projekt „Vermittlung von *Tel*ematik-*Com*petenz für Frauen (Telcom) durch. Es ist in Partnerschaft mit verschiedenen Unternehmen aus EU-Mitteln finanziert und knüpft an das vorangegangene Wiedereinstiegs-Projekt „recomp" an. Das Projekt richtet sich an Frauen, die nach einer Familienphase wieder beruflich einsteigen oder die sich beruflich verändern wollen. Es baut auf beruflichen Qualifikationen und der Vertrautheit mit einem Berufsbereich auf und will zusätzliche Qualifikationen für die Nutzung der Telekommunikationsmöglichkeiten vermitteln. Dazu gehören nicht allein Kenntnisse verschiedener, teils beruflich differenzierter DV-Anwendungsprogramme und verschiedener Telekooperationsformen (z.B. email zum schnellen Austausch von Nachrichten, Computer-Conferencing zur Gruppendiskussion via Computer, Application-Sharing zur gemeinsamen Arbeit am selben Dokument). Dazu gehört auch das Training von Schlüsselqualifikationen für möglichst selbständiges Lernen und Arbeiten. Der Kurs ist als „Open Learning"-Kurs angelegt und soll die Frauen über das neue Lernsystem gleichzeitig auf neue Arbeitsformen wie Telearbeit vorbereiten.

Der Kurs ist in 13 Lernpakete gegliedert, die in 3-5 Monaten bearbeitet werden sollen.[26] Eine dreimonatige Begleitung für den beruflichen Einstieg in ein Beschäftigungsverhältnis oder die Existenzgründung schließt sich an. Jede Teilnehmerin arbeitet die Lernpakte Zuhause durch und kann sich über ihren Computer und ISDN-Anschluß jederzeit mit den anderen Teilnehmerinnen, der Universität oder der betreuenden Tutorin verständigen. Der PC wird gestellt, die ISDN-Anschluß- und Grundgebühren sind neben einer Eigenbeteiligung an den Kurskosten von 1000 DM von den Teilnehmerinnen zu tragen.

Die Teilnehmerinnen werden in Kleingrupen von 5 Frauen zusammengefaßt, die möglichst berufsfeldbezogen und regional benachbart sein sollen. Jede Kleingruppe wird konstant von einer Tutorin begleitet. Durch diese Organisation sollen persönli-

---

[26] Die Dauer von 3 Monaten entspricht der Bearbeitung in Vollzeit. Maximal sind 8 Monate vorgesehen. Danach muß Rechnermiete (150DM im Monat) bezahlt werden).

che Kontakte und regelmäßige Treffen, die ausdrücklich vorgesehen sind, möglich werden. Im Mai 1996 begann der erste Durchlauf der Qualifizierung mit 56 Frauen. Aus dem Pilotprojekt sollen Tutorinnen für die nachfolgenden Phasen gewonnen werden. Insgesamt soll die Maßnahme mit 200 Frauen bis Ende 1997 erprobt werden.

Das Projekt ist konsequent als „Open Learning"-System ausgestaltet, bezieht jedoch durch die regionalen Kleingruppen das Bedürfnis der Frauen nach einem sozialen Bezug beim Lernen mit ein. Jegliche Entlastung im familiären Bereich ist allerdings privat zu organisieren.

Ansatzpunkte: Integrierte Konzepte und Entlastungsangebote für Frauen

Die im Folgenden ausgeführten Ansatzpunkte loten Spielräume aus, die bereits jetzt bestehen und knüpfen am Bestehenden an, in das durchaus Elemente von "Open Learning" einbezogen werden können. Meine Beobachtungen führen zu dem Schluß, daß "Open Learning"-Elemente für Frauen der beschriebenen Zielgruppe dann interessant sind, wenn die Möglichkeit besteht, individualisiertes Lernen mit sozialen Lernformen zu verbinden. Daher sollte überlegt werden, wie dies bei traditione bzw. bereits länger existierenden individualisierten Lernsystemen möglich ist und ob und wie in solchen Kombinationen neue Angebote zu schaffen sind. Auf jeden Fall muß individualisiertes Lernen als eine Möglichkeit, sich zu qualifizieren, zunächst überhaupt bekannt gemacht werden.

Ein Ansatzpunkt läge ich in der engeren Zusammenarbeit der Bildungsträger, die Direktunterricht anbieten, mit den Anbietern von Fernunterrichtsangeboten. Für TeilnehmerInnen von Fernkursen könnten vor Ort ansässige und bekannte Bildungsträger beispielsweise Lerngruppen organisieren, AnsprechpartnerInnen oder Ressourcen wie Personalcomputer zu bestimmten Zeiten zur Verfügung stellen. Es könnten auch Angebote in Kooperation gemacht werden, bei denen einige Teile in Direktunterricht von einem Bildungsträger vor Ort übernommen werden. Das bietet sich vor allem bei Fortbildungsangeboten, bei denen sowieso Direktunterricht vorgesehen ist, an. Durch eine solche Kooperation könnten Angebote des Fernunterrichts breiter bekannt gemacht werden, indem sie beispielsweise in Programmheften von regional anerkannten Bildungsträgern auftauchen.

Als weiteren Ansatzpunkt sehe ich die Ausdehnung des bestehenden Bildungsträgerangebotes vor Ort in Richtung auf "offene" Angebote. So könnten zunächst "offene" Tage bzw. bestimmte "offene" Zeiten das Gruppenangebot ergänzen. Bildungsträger, die beruflich orientierte Kurse anbieten, verfügen über Ressourcen, die so auch außerhalb von Gruppenangeboten genutzt werden könnten. Doch nicht nur private Bildungsträger oder Volkshochschulen könnten solche Lernangebote etablieren. Auch Bibliotheken haben häufig "Lese-Ecken" und halten eine Reihe von Selbstlernmaterialien, z.b. zum Sprachenlernen bereit. Ausbaufähige Ansätze in Richtung Lernzentrum gibt es auch in den Berufsinformationszentren (BIZ) der Arbeitsämter. Dort werden derzeit schon neben den Informationsmaterialien, die zu den Öffnungszeiten von allen an Aus- und Weiterbildung Interessierten selbständig durchgearbeitet werden können, zusätzlich Unterlagen und EDV-Programme zum Thema Bewerbung, vor allem für Jugendliche, bereitgestellt. Diese könnten durch weitere Materialien ergänzt und als Angebot für verschiedene Zielgruppen systematisch propagiert werden.

Wenn Bildungsträger im Rahmen offener Angebote ihre Geräte Lernmaterialien und Anwendungsprogramme gegen Gebühren zur Verfügung stellen, können sie damit ein inhaltliches Auffrischungs- und Übungsangebot verknüpfen. Das Angebot könnte sich zunächst um die Vermittlung von Grundlagen und um Auffrischung bzw. Aktualisierung fachlicher Kenntnissen gruppieren und angelehnt an den Schwerpunkten des Bildungsträgers schrittweise ausgebaut werden.. Ansatzpunkte gibt es bereits, etwa Sprachzentren von Bildungsträgern wie Volkshochschulen und ergänzende Angebote der Bibliotheken wie Mediotheken. Es sollte die Möglichkeit geschaffen werden, Lerneinheiten zertifizieren zu lassen, indem zum Beispiel Tests abgelegt werden können, über die erworbenen Kenntnisse belegt werden. Bildungsträger könnten im Rahmen eines Lernzentrums auch "Schnuppermaterialien" zum Austesten des Interesses an bestimmten Lernfeldern anbieten, beispielsweise für Personen, die sich beruflich neu orientieren wollen.

Wichtig ist, daß in den Einrichtungen, die sich, in welcher Form auch immer, mit "offenen" Angeboten zu Lernzentren erweitern, zu den Öffnungszeiten pädagogische Kräfte als AnsprechpartnerInnen zur Verfügung stehen, die in die Geräte und andere Materialien einführen und unterstützen können, wenn Probleme auftreten. Eine Informationstheke innerhalb der Einrichtung reicht nicht aus, wenn Lernende ohne fachliche Vorkenntnisse und Vorerfahrungen mit der Lernform angesprochen werden sollen. Es muß qualifizierte Beratung angeboten werden, die im Rahmen des Angebotes bei der Klärung von Lerninhalten und -schritten und der Auswahl der Materialien/ Medien behilflich ist. Viele Bildungsträger bieten Interessierten auch bisher bereits Beratungsgespräche zum Angebot an und haben je nach "Fach" auch Möglichkeiten entwickelt, den Kenntnisstand zu prüfen (z.B. Einstufungstests für Sprachkurse). Diese bisherigen Ansätze könnten in neuen Formen aufgegriffen werden. Materialien müssen dazu auf ihre Tauglichkeit für eigenständiges Lernen überprüft und überarbeitet werden.

Ein solchermaßen "offenes" Angebot sollte weiterhin durch regelmäßige Veranstaltungen, die der Einführung dienen, unterstützt werden. Da individualisiertes

Lernen bislang nicht als Alternative zu Gruppenangeboten gesehen wird, müssen solche Initiativen durch entsprechende Öffentlichkeitsarbeit begleitet werden, das Konzept "Lernzentrum" und dort erreichbare Lernziele müssen deutlich gemacht werden.

Aufgrund der Erfahrungen aus der Beratungsarbeit und der britischen Erfahrungen in den Open Learning Centres scheint es mir sinnvoll, vermehrt "halboffene" Angebote für Zielgruppen zu machen. Ein "halboffenes" Angebot meint, daß in festen Gruppenangeboten mit Selbstlernprogrammen gearbeitet wird und weitere mögliche Lerninhalte vorgestellt werden, die beispielsweise im Anschluß eigenständig angeschlossen werden können. Der andere Weg eines halboffenen Angebotes wurde bereits angesprochen: Es können verstärkt selbst zu erarbeitende Anteile in Gruppenmaßnahmen integriert werden. Damit lassen sich eventuell Wiedereinsteigerinnen, die tendenziell skeptisch gegenüber individualisiertem Lernen eingestellt sind, ansprechen.

Wenn Frauen mit Kindern für individualisiertes Lernen gewonnen werden sollen, sind Angebote der Entlastung genauso wie bei den Gruppenangeboten mitzudenken. Werden beispielsweise gezielt Frauen angesprochen, die während einer Familienphase Kenntnisse aktualisieren wollen, um sich die Möglichkeit einer Rückkehr in den Beruf zu erhalten, so sollte Kinderbetreuung angeboten werden.

Die ausgeführten Überlegungen sind als Anregungen aufzufassen. Es scheint sinnvoll, verschiedene Formen "offener" Angebote modellhaft zu erproben, um Erfahrungen zu sammeln und Bedingungen der Ausgestaltung und Finanzierung zu erforschen. Die Entwicklung didaktisch hochwertiger Lernmaterialien ist ein enormer Kostenfaktor. Die neuen Konzepte müssen sich am Ende als finanzierbar herausstellen, um sich als Weiterbildungsalternative zu etablieren. Ihre Entwicklung dürfte kaum ohne eine erst noch durchzusetzende öffentliche Bezuschussung, ohne politischen Willen also, gelingen.

Ansatzpunkte: Neue Wege der Berufsbildung

Anerkannte Berufsabschlüsse ebnen, wie beschrieben, den Weg zu qualifizierter Tätigkeit, indem sie ein bestimmtes erworbenes Fähigkeits- und Fertigkeitsreservoir bescheinigen. Vielen Frauen bleibt aufgrund der beschriebenen Förderbeschränkungen kein Weg mehr, einen Berufsabschluß nachträglich oder im Rahmen einer Umorientierung zu erwerben. Den Frauen bleibt wenig anderes übrig, als in Anlerntätigkeiten zu gehen oder zu bleiben.

Es müssen neue, differenzierte Wege entwickelt werden, Abschlüsse zu erwerben. Dabei muß über Teilqualifikationen, flexibel gestaltete und flexibel nutzbare Bausteine und neue Zertifizierungsmodalitäten nachgedacht werden. Es muß über Modelle nachgedacht werden, über die Nachqualifizierung in kleineren Einheiten und mit dem Ziel des qualifizierten Abschlusses möglich wird.

Meine Überlegungen schließen sich an Konzepte an, die in Modellversuchen erprobt werden, um junge Erwachsene nachzuqualifizieren, die aufgrund der Lehrstellenmisere früherer Jahre keine Berufsausbildung durchlaufen haben und ebenfalls vor dem Problem stehen, keinen Zugang zu qualifizierter Tätigkeit zu haben.[27] Diese Konzepte sind an das duale System der Berufsausbildung angelehnt, indem sie praktische Tätigkeiten neben den Theorieanteilen einbeziehen, beziehungsweise die Qualifizierung parallel zu einer Erwerbstätigkeit organisieren wollen. In einem Untersuchungsbericht zur Kombination von Beschäftigung und Qualifizierung mit dem Ziel eines anerkannten Berufsabschlusses entwickelte Peter-Werner Kloas für BBJ Consult in Berlin ein Szenario für die Nachqualifizierung in kaufmännischen Berufen - ein Berufsbereich, der auch auf der Wunschliste der Frauen weit oben steht. Auf dieses Modell möchte ich Überlegungen für eine flexible, abschlußbezogene Qualifizierung stützen, die Interessen von Frauen entgegenkommt. Modulare (Weiter)Bildung nach Kloas konstituiert sich in folgenden Elementen:

- Die Inhalte von Ausbildungen, wie sie im Rahmenplan festgelegt sind, werden in einzelne Module aufgeteilt, die als Themenblöcke zu verstehen sind.
- Diese Module sollen wiederum in eine Reihe von Bausteinen ausdifferenziert werden.
- Sie sollen theoretische Inhalte und Theorie-Praxis-Verknüpfungen beinhalten, die begleitend zu praktischen Tätigkeiten im Berufsfeld erarbeitet werden.
- Eine wichtige Rolle kommen dabei der Verknüpfung von Lernen und Arbeiten sowie Lernformen außerhalb von Direktunterricht in festen Gruppen zu (individualisiertem Lernen).
- Die Lernarrangements des mediengestützten Konzeptes von Kloas beeinhalten die selbständige Bearbeitung von Lehrbriefen und Fremdkontrollaufgaben, die Erstellung von Arbeitsbögen, die Bearbeitung von komplexen Arbeitsaufträgen alleine bzw in der Kleingruppe sowie die Teilnahme an Seminaren.
- Bereits vorhandene Kenntnisse sollen angerechnet werden können , so daß für ein Modul nur die Bausteine erarbeitet werden müssen, in denen keine Kenntnisse vorhanden sind.
- Die Module solten nach einer Überprüfung der erforderlichen Kenntnisse einzeln zertifizierbar sein und einen Abschluß ermöglichen, wenn eine bestimmte

---

[27] Siehe Bundesministerium für Bildung und Wissenschaft 1993 , vor allem aber Kloas, P.W., 2/1993.

Anzahl von Pflichtmodulen und eine bestimmte Anzahl freiwilliger Module nachgewiesen werden kann.

Die Vorteile des modularen Modells

Aus der Sicht der Frauen bringt die Möglichkeit schrittweisen Vorgehens Entlastungen mit sich. Kenntnisse, Fähigkeiten und Fertigkeiten würden für eine Anrechnung außerdem nicht verlorengehen, wenn eine Frau ihre Qualifizierung aus familiären Gründen unterbrechen muß. Sie könnte ihr Ziel des Abschlußes später weiterverfolgen, wenn sie auf zeritifizierten Teilqualifikationen aufbauen kann. Sie könnte bei berufsbegleitend angelegten Modulen erwerbstätig sein und Einkommen erwirtschaften. Der Zeitraum zur Erlangung eines Abschlusses könnte individuell festgelegt und entschieden werden, sich also im Einzelfall über einen längeren Zeitraum erstrecken. Das Vorhandensein der Kenntnisse würde damit allerdings anders als bisher ein höheres Gewicht gegenüber der Erfüllung eines zeitlichen Rahmens erhalten.

Qualifizierung über Module hätte auch Vorteile für Bildungsträger und die Arbeitsverwaltung: Module oder einzelne Bausteine könnten zum Teil für mehrere Berufe verwendet werden, so daß sich TeilnehmerInnen mit verschiedenen verwandten Berufzielen zusammenfassen ließen. Ebenso könnten Module oder einzelne Bausteine auch zur Auffrischung genutzt werden oder zur gezielten Weiterbildung von MitarbeiterInnen in Betrieben. So ließe sich Qualifizierung auch mit kleineren TeilnehmerInnen-Gruppen, bzw. durch die Möglichkeit, kontinuierlich TeilnehmerInnen aufzunehmen, kostengünstig realisieren.

Die Anerkennung der Module und der bestehende rechtliche Rahmen

Die Module müssen bestimmte Standards gewährleisten und klar definierte Kenntnisse und Fertigkeiten vermitteln, die jeweils am Ende abgeprüft werden. Nur so kann eine Anerkennung der Prüfungsinstanzen erreicht werden, die wiederum Voraussetzung dafür ist, flexible Teilschritte hin zu einem Abschluß als Qualifizierungsalternative zu etablieren. Wenn die Module überprüft und anerkannt werden, ist nach der Notwendigkeit einer Abschlußprüfung zu fragen: Wenn jedes Modul einzeln zertifiziert wird, nachdem die erforderlichen und festgelegten Kenntnisse und Fertigkeiten gewährleistet und nachgewiesen sind, könnte theoretisch darauf verzichtet werden, zusätzlich eine Prüfung abzulegen. Das hätte für die Lernenden den Vorteil, daß bei einer Qualifizierung über einen längeren Zeitraum am Ende nicht mehr der gesamte und bereits vor längerer Zeit abgeprüfte Stoff noch einmal wiederholt werden müßte.

Es hätte allerdings auch den Nachteil, daß mit dem zertifizierten Ende der Ausbildung nicht mehr alle erlernten Tätigkeitsbereiche präsent wären und von einem potentiellen Arbeitgeber prinzipiell vorausgesetzt werden könnten. Der Einwand relativiert sich, wenn folgendes bedacht wird: Wer beispielsweise nach einem regulären Berufsabschluß als Bürokauffrau drei Jahre lang in einem Teilbereich, beispielsweise der Büroorganisation tätig ist, wird in nicht vertieften Teilbereichen des Berufsbildes (zum Beispiel Personalwesen und Buchhaltung) ebenfalls Auffrischungsbedarf haben, um sich auf eine entsprechende Stelle bewerben zu können. Der Auffrischungsbedarf ist nicht geringer als bei Personen, denen im fiktiven modularen System das entsprechende Modul vor der letzten Teilprüfung zertifiziert wurde und die es ebenfalls in den weiteren Tätigkeiten nicht vertieften. Aber immerhin: es könnte ein Auffrischungsbedarf bestehen, der sonst am Ende der Ausbildung nicht vorhanden ist. Allerdings ist es derzeit im Kontext des deutschen Bildungssystems und des Berufsbildungsgesetztes utopisch, Teilprüfungen nach Abschluß der Module zu einem Ausbildungsabschluß zu kumulieren. Schon die Zuerkennung von Teilqualifikationen nach der Absolvierung der Module setzt ordnungspolitische Änderungen voraus.

Es ist jedoch bereits vor dem aktuellen rechlichen Hintergrund und der bestehenden Spielräume möglich, mit den einzeln absolvierten Modulen in Kombination mit Praxiserfahrungen eine neue Zugangsvoraussetzung für eine Externenprüfung vor der entsprechenden Kammer zu schaffen. Daher soll hierauf eingegangen werden. Wie beschrieben, lassen die Kammern nur diejenigen zur Externenprüfung zu, die eine Berufpraxis von mindestens dem Doppelten der regulären Ausbildungszeit, meist also mindestens sechs Jahren, vorweisen (§40 Absatz 2 Berufsbildungsgesetz). Dabei müssen die Tätigkeiten inhaltlich in mehreren Kernbereichen, die sonst über die Ausbildung vermittelt werden, angesiedelt gewesen sein.

Die Kammern können jedoch von den vorgeschriebenen Praxiszeiten absehen, bzw. kürzere Zeiten anerkennen, wenn nachgewiesen wird, daß die Kenntnisse und Fertigkeiten auf andere Weise erworben wurden (§40 Absatz 3 Berufsbildungsgesetz). Eine gezielte modulare Qualifizierung mit fundiert aufbereiteten Inhalten der Ausbildung, kombiniert mit entsprechenden praktischen Tätigkeiten, könnte durchaus eine frühere Zulassung zur Externenprüfung rechtfertigen. Auch bei einer Umschulung wird eine verkürzte Praxisphase als ausreichend erachtet, weil die Praxisphase streng ausbildungsbezogen organisiert ist. Eine solche Möglichkeit ist wichtig, denn die Perspektive, erst nach einem Zeitraum von mindestens sechs Jahren eine Abschlußprüfung machen zu können, ermutigt nicht, sich um einen Abschluß zu bemühen. Dabei könnte immer noch eine Mindesdauer der Berufspraxis vorausgesetzt werden, beispielsweise 3 Jahre in Anlehnung an die Ausbildungdauer.

Wie kann die Einbindung praktischer Tätigkeit aussehen?

Hier müssen verschiedene Möglichkeiten integriert werden, zum Beispiel:

- Anrechnung von Berufstätigkeit im entsprechenden Berufsfeld und Praktika in Betrieben
- Einbeziehung von Übungfirmen bei Bildungsträgern, über die Praxiserfahrungen simuliert werden
- Nutzung von Beschäftigungsverhältnissen des zweiten Arbeitsmarktes, z.B. Arbeitsbeschaffungsmaßnahmen nach dem Arbeitsförderungsgesetz (AFG) und Programme der Hilfen zur Arbeit nach dem Bundessozialhilfegesetz (BSHG), in denen Lerngelegenheiten am Arbeitsplatz organisiert werden können.

Die Lernmodule bieten einmal denjenigen die Chance, einen Berufsabschluß zu erlangen, die bereits eine gewisse Berufspraxis im angestrebten Beruf aufweisen und sich parallel zur Berufstätigkeit qualifizieren wollen. Für diejenigen, die keine oder zu wenig spezifische Berufspraxis haben, müssen sich Beschäftigungsverhältnisse des zweiten Arbeitsmarkt einbeziehen lassen. So sollten innerhalb von bestehenden Beschäftigungsmaßnahmen nach AFG, BSHG oder Sonderprogrammen Grundlegungen für einen Abschluß in neuen Berufsfeldern ermöglicht werden, indem parallel zur praktischen Tätigkeit Lernmodule mit Blick auf einen Abschluß angeboten werden und am Arbeitsplatz Arbeiten und Lernen verknüpft werden. Solche Module könnten für diejenigen, die aus früheren Tätigkeiten bereits über eine gewisse Berufspraxis im angestrebten Beruf verfügen, als direkte Vorbereitung für eine Externenprüfung genutzt werden. Andere, die sich eine neues Berufsfeld erschließen, könnten während einer solchen Maßnahme erste Teilschritte auf das Ziel des anerkannten Abschlusses unternehmen. Wenn eine Frau nach ein bis eineinhalb Jahren mit entsprechenden Zertifikaten aus einem Beschäftigungsverhältnis nach BSHG kommt, könnte sie sich beispielsweise mit den neuerworbenen Qualifikationen bewerben und weitere Modulen ergänzen, um später einen Abschluß abzulegen.

Dies gelingt nur, wenn einerseits die gesamte Palette der Kenntnisse und Fertigkeiten, die die jeweiligen Berufsabschlüsse nachgewiesen werden müssen, künftig über flexible Weiterbildungangebote erwoben werden können. Andererseits müssen dafür künftig die Förderinstrumente, die über AFG, BSHG und Sonderprogramme zur Verfügung stehen, ausgebaut und verzahnt werden. Die Programme jeweils für sich sind zu kurz angelegt, um Qualifizierung über einen längeren Zeitraum zu ermöglichen und finanziell abzusichern.

Unabdingbar: Beratung und Begleitung

Das modulare Qualifizierungsmodell erforderte eine intensive vorbereitende und begleitende Qualifizierungsberatung, die bei der Entscheidung, der Planung und der Umsetzung Unterrstützungsfunktion wahrnehmen kann. Es muß individuell geklärt werden, welche Voraussetzungen vorhanden sind, welche Praxiserfahrungen einbezogen werden können und welche Teilschritte hin zum Abschluß sinnvoll scheinen. Auf der Basis der persönlichen Situation und Lernbiografie und in Kenntnis der Inhalte beruflicher Ausbildungsgänge und entsprechender Anforderungen sollte ein individueller Qualifizierungsplan erstellt werden. Er dient auch dazu, einen möglichen Zeitraum und den gesamten und wöchentlichen Aufwand abzuschätzen. Während der Qualifizierung sollte eine Anlaufstelle zur Verfügung stehen, die bei "Passungsschwierigkeiten" der unterschiedlichen Teile der Qualifizierung, bei auftretenden Schwierigkeiten und bei der Organisation der individualisierten Lernanteile unterstützt.

Das modulare Modell muß auf einem hohen Anteil autonomem, d.h. individualisierten Lernens aufbauen, um möglichst flexible Qualifizierungsschritte zu eröffnen. Für die methodische Umsetzung bedeutet das, neben persönlicher Anleitung und festen Lerngruppen individualisierte Lernformen einzubeziehen, wie sie im Fernunterricht, aber auch in der Ausbildung über die Leittextmethode genutzt werden. Aufgaben sind teils ohne persönliche Anleitung individuell oder in Lerngruppen zu bearbeiten, und Kenntnisse müssen teils über Medien statt im Direktunterricht angeeignet werden.

Kritische Aspekte der modularen Qualifizierung

Die Idee der Aufspaltung von Ausbildungsinhalten und die Vergabe von Teilqualifikationen ist immer kritisch diskutiert worden, beispielsweise im Zusammenhang mit den früher möglichen Stufenausbildungen in Elektroberufen. Vor allem von gewerkschaflicher Seite gibt es Befürchtungen, daß damit neue Hierarchien geschaffen werden und einem Heer von Teilqualifizierten der Zugang zum anerkannten Ausbildungsabschluß versperrt bleibt. Auch für das hier diskutierte Modulmodell kann eingewendet werden, daß damit gerade Frauen in Gefahr sind, aus familiären Gründen nach einigen Modulen das Ziel des Abschlusses aufzugeben und in Anlerntätigkeiten, die sich über die erreichten Teilqualifikationen erschließen, zu gehen. Dem ist entgegenzuhalten, daß viele Frauen bisher aufgrund der Belastung einer Blockmaßnahme in Vollzeit, auf einen Abschluß verzichtet haben und gleich in Anlerntätigkeiten gingen. Außerdem kam es aus Belastungsgründen zu Abbrüchen, die Frauen ebenfalls mit Teilqualifikationen - und ohne jedes Zertifikat, auf das zu einem späteren Zeitpunkt aufgebaut werden könnte - auf Anlerntätigkeiten verwiesen.

Ein anderer Kritikpunkt am vorgestellten modularen Modell: Aufgrund der Komplexität von Ausbildungsinhalten ist es wenig geeignet für Personen ohne jede Berufspraxis im entsprechenden Berufsfeld. Für sie werden die Wege zu Qualifikation möglicherweise zu lange, vor allem, wenn Teilqualifikationen nicht kumuliert werden können, sondern eine gesonderte Abschlußprüfung am Ende unvermeidlich ist. Damit ist das Modell weniger für Berufswechslerinnen geeignet, die nach einer Familienphase neu in einen anderen Bereich einsteigen wollen.

Ein weiterer problematischer Punkt ist die Finanzierung: Über das Arbeitsförderungsgesetz ist eine Förderung auch bei angenommener prinzipieller Förderfähigkeit der Module nur noch für eng eingegrenzte Zielgruppen möglich. Einen Rechtsanspruch auf eine Förderung gibt es dabei für niemanden mehr. Bislang schlossen die Förderrichtlinien zudem die schrittweise Qulifizierung aus - dies soll jedoch mit der Neuordnung der Arbeitsförderung aufgehoben werden. Wichtiger noch ist es, auf eine Verzahnung der Förderinstrumente hinzuarbeiten.

Schlußbemerkung

Wie bereits angemerkt, sind die dargestellten Perspektiven und Ansatzpunkte zunächst als Anregungen gedacht, die bei Überlegungen für neue Weiterbildungskonzepte, die individualisiertes Lernen einschließen, weiterzuverfolgen sind. Es geht dabei in erster Linie um die Ausschöpfung existierender, aber weitgehend ignorierter Spielräume und um die Aufwertung und sichtbare Anerkennung alternativer Qualifizierungswege mit dem Ziel der besseren Zugänglichkeit und Nutzbarkeit von Weiterbildung insbesondere für Frauen. Darüber hinaus muß über Veränderungen in der Organisation und der Regelung beruflicher Bildung nachgedacht werden: Beispielsweise über die Anerkennung von Qualifikationsbausteinen, die leichtere Zugangs- und Aufbaumöglichkeiten zu Abschlüssen ermöglichen.

Sehr wichtig für die weitere Arbeit an konkreten Konzepten ist der hier nur angerissene Kostenaspekt. Individualisiertes Lernen darf nicht, wie bisher häufig der Fall, mit höheren privat aufzubringenden Kosten verknüpft sein als anderes Lernen. Besonders wichtig: auch Unterstützungssysteme für individualisiertes Lernen müssen in eine öffentliche Förderung einbezogen werden, sonst bleiben individualisierte Lernsysteme für viele Frauen weiterhin wenig interessant.

Literatur

Adult Litracy and Basic Skills Unit (ALBSU)
Open Learning Centres in England and Wales. ALBSU-Veröffentlichung 9/91, London.

Adult Litracy and Basic Skills Unit (ALBSU)
Open Learning Centres in England and Wales 1988-92. ALBSU-Veröffentlichung 3/93, London.

Ambros, Ingrid/ Gertner, Swantje/ Schiersmann, Christiane/ Wunn, Christa
Berufliche Wiedereingliederung von Frauen. Expertise des Instituts Frau und Gesellschaft. Schriftenreihe des Bundesministers für Jugend, Familie, Frauen und Gesundheit, Band 248. Stuttgart 1990.

Beck-Gernsheim, Elisabeth
Der geschlechtsspezifische Arbeitsmarkt. Frankfurt, 1976.

Bees, Mike/ Sword, Madeleine (Ed.)
National Vocational Qualifications and Further Education. London, 1990, published in Association with the National Council for Vocational Qualifications.

Belenky, Mary F./ Clinchy, Blythe McV./ Goldberger, Nancy R./ Tarule, Jill M.
Das andere Denken. Persönlichkeit, Moral und Intellekt der Frau. Frankfurt 1991.

Berufsbildungsbericht 1993
Schriftenreihe Grundlagen und Perspektiven für Bildung und Wissenschaft 34 des Bundesministeriums für Bildung und Wissenschaft. Bonn 1993.

Berufsbildungsbericht 1996
Bundesministeriums für Bildung, Wissenschaft, Forschung und Technologie, Bonn 1996.

Boot, Richard/ Hodgson, Vivian
Open Learning, Philosophy or Expediency? In: PLET, Programmed Learning and Educational Technology - Journal of AETT, Plymouth, Großbritannien, Vol. 25, Number 3, August 1988. S. 197-204.

Boretty, R./ Fink, H./ Holzapfel, U.
PETRA, Projekt- und Transferorientierte Ausbildung. Grundlagen, Beispiele, Planungs- und Arbeitsunterlagen. Siemens AG Berlin und München, 1988.

Bray, Catherine
Women's Studies at a Distance: Experiences of Students and Tutor. In: Canadian Journal of University Continuing Education, Saskatchewan, Kanada. Vol. XIV, No 2, Fall 1988. S. 37-49.

Brookfield, Stephen D.
Understanding and Facilitating Adult Learning. Milton Keynes, Großbritannien, 1986.

Browning, David
Third Generation Open Colleges. In: Adults Learning (Zeitschrift des National Institute for Adult Continuing Education, England und Wales), Leicester, Großbritannien, Volume 2 Nr 8, 4/91. S. 238/239.

Bujok, Eva
Die Bedeutung von Weiterbildung für Frauen beim zweiten Berufseinstieg. Studie Nr. 64 des Bundesministers für Bildung und Wissenschaft. Bonn 1988.

Bundesinstitut für Berufsbildung (BiBB)
Fernunterricht für ausgewählte Personengruppen. Werkstattgespräch 11./12. 11.1985. Heft 16/ Informationen zum beruflichen Fernunterricht, Berlin 1986.

Bundesministererium für Bildung und Wissenschaft
Berufsausbildung im Dualen System in der Bundesrepublik Deutschland. Broschüre des Bundesministers. Bonn, 9/1992.

Bundesministererium für Bildung und Wissenschaft
Berufsausbildungsbericht 1993

Bundesministererium für Bildung, Wissenschaft, Forschung und Technologie
Berufsausbildungsbericht 1996

Bundesministerium für Bildung und Wissenschaft
Differenzierte Wege zum anerkannten Berufsabschluß. Dokumentation einer Fachtagung zur Berufsausbildung benachteiligter Jugendlicher und junger Erwachsener am 25./26. Mai in Schwerin. Bonn 1993.

Bundesministerium für Frauen und Jugend
Handreichung III zum Modellversuch "Beratungsangebote und -einrichtungen für Berufsrückkehrerinnen", Infratest 5/1991/ Materialien zur Frauen-politik

Burge, Elisabeth J.
Beyond Andragogy: Some Explorations for Distance Learning Design. Journal of Distance Education, Ottawa, Kanada, 1988 3(1). S. 5-23.

Burge, Elisabeth J./ Lenskyi, H.
Women Studying in Distance Education: Issues and Principles. In: Journal of Distance Education, Ottawa, Kanada, 1990 V(1), 20-37.

CEDEFOP (Hrsg); AutorInnen Sharples, Steve und Carty, Vicky
Das berufliche Bildungswesen im Vereinigten Königreich. Berlin 1985

CEDEFOP (Hrsg); Autorin Dr. Wagner, Karin
Die Beziehungen zwischen Bildung, Beschäftigung und Produktivität und ihre bildungs- und beschäftigungspolitischen Auswirkungen - ein deutsch-englischer Vergleich. Berlin 1986

CEDEFOP
Berufliche Bildung im europäischen Vergleich. Beiträge zu einer Fachtagung von BMBW, BiBB und Institut der deutschen Wirtschaft in Köln. Oktober 1991

Coats, Maggie
Support for Women Learners. Adults Learning, Leicester, Großbritannien, Vol. 1 Nr. 4 December 1989. S. 104/105.

Coats, Maggie
Women's Education. The Background to our Achievements. In: Adults Learning, Special Issue, Womens Education and Training into the 21st Century, Leicester, Großbritannien, Volume 3, Nr.10, June 1992. S. 257-259.

Coulter, R.P.
Women in Distance Education: Towards a Feminist Perspective. In: Sweet, R.(Ed), Post-Secondary Distance Education in Canada: Policies, Practices and Priorities. Edmonton, Kanada 1989. S.11-22.

County of South Glamorgan
The Vale Open Learning Centre. The First Three Years. Broschüre des County of South Glamorgan/Wales, Großbritannien von 4/ 1992.

Delling, Rudolf Manfred
Distance Education as a Multi-Dimensional System of Communication and Production. In: Holmberg, B./ Ortner, G.E., (Ed), Research to Distance Education. Frankfurt 1991. S. 60-65.

Delling, Rudolf Manfred
Offenes Lernen - ein Literaturbericht. In: Zimmer, Gerhard (Hrsg), Vom Fernunterricht zum Open Distance Learning : Eine europäische Intitiative. Reihe Informationen zum beruflichen Fernunterricht, Heft 21. Bielefeld, 1994. S. 191-225.

Derichs-Kunstmann, Karin
Frauenbildungsarbeit am Ende des Schattendaseins. Zur Weiterentwicklung der neuen Frauenbildungsarbeit in den letzten 10 Jahren. In: Zeitschrift für Frauenforschung, 11. Jahrgang, Heft 1/2 1993. S. 111-132.

Deutscher Bundestag
Entwurf eines Gesetzes zur Reform der Arbeitsförderung (Arbeitsförderungs-Reformgesetz (AFRG)
Drucksache 13/4941 vom 18.6.1996

Deutscher Bundestag
Schlußbericht der Enquete-Kommission "Zukünftige Bildungspolitik - Bildung 2000" und Anhangsband. Drucksache 11/7820 vom 5.9.1990, Bonn.

Dohmen, Günther
Schulisches, medienvermitteltes und offenes Lernen. In: Dohmen,G./ Wedemeyer, C.A./ Rebel, K., Offenes Lernen und Fernstudium. Reihe Tübinger Beiträge zum Fernstudium, Band 9. Weinheim und Basel 1976. S. 9-54.

Dohmen, Günther
Externenstudium. Internationale Entwicklungen zur Einbeziehung des Externenstudiums in den Hochschul- und Weiterbildungsbereich. Weinheim und Basel, 1978.

Dohmen, Günther
Besonderheiten des Lernens Erwachsener und Konsequenzen für den Aufbau eines Fernstudiums im Bereich der Erwachsenenbildung. ZIFF-Papiere 45, Hagen 1983.

Employment Department (Learning Methods Branch)
Briefing Notes for Projekt Managers of European Social Fund Programmes: Open Learning Briefing Notes. Broschüre des britischen Employment Department für an EG-Programmen beteiligte Organisationen. London, 9/1993.

Engelbrech, Gerhard
Erwerbsverhalten und Berufsverlauf von Frauen : Ergebnisse neuerer Untersuchungen im Überblick. In: Mitteilungen der Arbeitsmarkt- und Berufsforschung, Nürnberg, 20, 1987, S. 181-196.

Engelbrech, Gerhard
Erfahrungen von Frauen an der "dritten Schwelle". In: Mitteilungen aus der Arbeitsmarkt- und Berufsforschung, Nürnberg, 22, 1989, 1, S. 100-113.

Faith, Karlene
Gender as an Issue in Distance Education: In: Journal of Distance Education, Ottawa, Kanada, 1988,3(1) S. 75-79.

Faith, Karlene/ Coulter, Rebecca P.
Home Study: Keeping Women in their Place? In: Developing Distance Education, Oslo, Norwegen 1988. S. 195-198.

Faith, Karlene (Hrsg)
Towards New Horizons for Women in Distance Education. International Perspectives. London und New York, 1988 a).

Fernuniversität Hagen
Das Studium an der Fernuniversität. Reihe Informationen zum Studium 1, Hagen, 1996

Forschungsgruppe Kammerer
Der Einfluß verschiedener Vorbereitungsmethoden auf die Verwertbarkeit beruflicher Weiterbildungsabschlüsse. Abschlußbericht einer Untersuchung im Auftrag des Bundesministeriums für Bildung und Wissenschaft. München 1987.

Forschungsprojekt "Weiterbildung für Familienfrauen durch Fernunterricht"
Kurzdarstellung der Projektpartner und des Forschungsansatzes. Broschüre der Universität Wuppertal, 32 Seiten., ohne Datum.

Freire, Paolo
Pädagogik der Unterdrückten. Reinbek bei Hamburg 1973.

Gaugler, Eduard u.a.
Wiedereingliederung von Frauen in qualifizierte Berufstätigkeit nach längerer Berufsunter-brechung. Mannheim 1984.

Greenacre, Lester
Competence and Coherence: Opportunities for Education and Industry in the Emerging NVQ-Framework. In: Bees, M/ Sword, M. (Ed.), National Vocational Qualifikations and Further Education. London 1990. S.95-112.

Gieseke, Wiltrud (Hrsg)
Feministische Bildung - Frauenbildung. Pfaffenweiler 1993.

Gilligan, Carol
Die andere Stimme. Lebenskonflikte und Moral der Frau. München 1984.

Gordon, Peter/ Aldrich, Richard/ Dean, Dennis
Education and Policy in England in the Twentieth Century. London, 1991

Grugeon, David
The Open College of the United Kingdom. In: Developing Distance Education, Oslo 1988. S. 231/232.

Hellmich, Andrea
Frauen zwischen Familie und Beruf. Stuttgart 1987. Schriftenreihe des Bundesministers für Jugend, Familie, Frauen und Gesundheit, Band 184.

Her Majesty's Inspectorate
Education for Adults. A Review by HMI. Department of Education and Science, HMSO-Publication 1991.

Herbst, Isabell M.
Fernunterricht und Frauenbildung. In: Müller, H.J. (Hrsg), Engagement und Reflexion, Festschrift für Kurt W. Schönherr zum 60. Geburtstag. Frankfurt 1991.

Herbst, Isabell M., Müller, Hermann Josef, Voelker, Sybille (unveröffentlicht)
Abschlußbericht zum Forschungsprojekt „Mütter lernen anders!". Eine Studie zur Weiterbildung für Familienfrauen durch Fernunterricht. Wuppertal 1994

Hohls, Ulla
Zur Rückkehr von Frauen in Büroberufe, Hannover 1987.

Holmberg, Börje
The Concepts and Applications of Distance Education and "Open Learning". In: Innovative Higher Education 6, 1&2 1989, New York. S. 24-28.

Interparlamentarische Gesellschaft für Bildungsmedien e.V.
Fernunterricht als Instrument zur Weiterbildung von Frauen.
Möglichkeiten im Technologie- und Industriezeitalter. Tagungsbericht eines Kolloquiums am 11./12. 11. 1988 in Bonn-Bad Godesberg, Stresemann Institut.

Karow, Willi
Privater Fernunterricht in der Bundesrepublik Deutschland und im Ausland. Schriften zur Berufsbildungsforschung. Band 58 des Bundesinstituts für Berufsbildung, Schrödes-Verlag Hannover 1980.

Kirkup, Gill
Sowing Seeds: Initiatives for Improving the Representation of Women (United Kindom). In: Faith, Karlene (Hrsg), Towards New Horizons for Women in Distance Education. International Perspectives. London und New York, 1988. S. 287-312.

Kirkup, Gill/ von Prümmer, Christine
Value of Study Centres and Support Services for Women and Men in a Comparative Perspective. Selective Results from a Research Projekt at the FernUniversität and the Open University. Reihe Frauen im Fernstudium der Fernuniversität Hagen, 2/1992.

Kommission der Europäischen Gemeinschaften
Strukturen der Allgemeinen und Beruflichen Bildung in den Mitgliedstaaten der Europäischen Gemeinschaft 1990. Brüssel, 1991 a)

Kommission der Europäischen Gemeinschaften
Memorandum Offener Fernunterricht in der Europäischen Gemeinschaft, Brüssel, 12.11. 1991 b)

Kommission der Europäischen Gemeinschaften
Veröffentlichungsreihe Frauen Europas, Nr. 70. Fraueninformationsdienst Brüssel, 1992.

Lewis, Roger
The Schools Guide to Open Learning. National Extension College, England und Scottish Council for Educational Technology, Scottland, 1986.

Lewis, Roger
Open learning and the Misuse of Language: A Response to Greville Rumbel. In: Open Learning (Zeitschrift der Open University), Vol. 5, Number 1, Februrary 1990. Milton Keynes/ Harlow, Großbritannien. S. 3-8.

MacKenzie, Norman/ Postgate, Richmond/ Scupham, John
Open Learning. Systems and Problems in Post-Secondary Education. Unesco Press Paris 1975.

McGivney, Veronica
Women and Vocational Training. An Overview. In: Aults Learning, Special Issue, Womens Education and Training into the 21st Century, Vol 1, Nr 4, December 1989, Leicester , Großbritannien. S. 260-264.

Mertens, Dieter
Das Konzept Schlüsselqualifikationen als Flexibilisierungsinstrument. In: Nuissl E./ Siebert, H./Weinberg, J. (Hrsg), Literatur und Forschungsreport Weiterbildung. Schwerpunktheft Schlüsselqualifikationen, Heft 22, 12/1988. S. 33-46.

Müller, Hermann Josef
Das Modell "Lernen im Methodenverbund". Ein Beitrag zur Weiterbildung von Familienfrauen. In: Grundlagen der Weiterbildung : Praxishilfen, Juni 1992, Neuwied. S. 1-7.

Myrdal, A. und Klein, V.
Die Doppelrolle der Frau in unserer Gesellschaft, Köln 1971.

National Extension College
The A-Z of Open Learning. Written by Clive Jeffries, Roger Lewis, John Meed and Roger Merritt, Cambridge 1990.

National Extension College
Who are NEC's Invisible Students? A Report of a Student Profile Survey 1989/90, written by Roger Webb, Regional Secretary for the Cambridge Regional Office of the Open University, NEC-Broschüre von 1991.

National Extension College
Guide to Courses 1994. Broschüre und Guide to Courses 1996/97.

National Institute of Adult Continuing Education (NIACE)
The Learning Imperative. National Education and Training Targets and Adult Learners. A NIACE Discussion Paper, 3/ 1993. Leicester, Großbriannien.

Newman, John/ Llewllin, Nick
The Accreditation of Prior Learning (APL). In: Bees, M/ Sword, M. (Ed.), National Vocational Qualifikations and Further Education. London 1990. S. 200-216.

Open Tech Directory
Nachschlagewerk, veröffentlicht vom National Extension College, England, Winter 1985.

Ostner, Ilona
Beruf und Hausarbeit. München 1978.

Paine, Nigel
Open Learning: Open for whom? In: Scottish Journal of Adult Education, Glasgow, 5/1982. S. 30-35.

Paine, Nigel (Ed.)
Open Learning in Transition. An Agenda for Action. Cambridge 1988.

Pates, Andrew/ Good, Martin/ Thomspon, Alastair
The Education Factbook. An A-Z Guide to Education and Training in Britain, London 1986.

Peter-Werner Kloas
(Weiter)Bildung in modularer Form, BBJ Consult Paper, 2/1993, Berlin.

Peters, Otto
Towards a Better Understanding of Distance Education: Analysing Designations and Catchwords. In: Holmberg, Börje/ Ortner, G.E.(Ed.), Research into Distance Education. Frankfurt, 1991. S.48-57.

Plickat, Hans-Heinrich (Hrsg)
Perspektiven des autonomen Fernunterrichts. Opladen, 1980.

Prenzel, Manfred
Autonomie und Motivation im Lernen Erwachsener. in: Zeitschrift für Pädagogik 1993, Nr. 2. S.239-259.

Pulis, Sue/ Pearman, Jenny
Setting up an Open Learning Centre. In: ALBSU Newsletter, England, Spring 1989 Nr 33. S.10-12.

Ratgeber für Fernunterricht 1996
Broschüre der Staatlichen Zentralstelle für Fernunterricht (ZFU) und des BiBB.

Reischmann, Jost
Offenes Lernen von Erwachsenen. Bad Heilbrunn 1988.

Ross, Ernst
Computerunterstütztes Lernen - ein bildungsökonomisches und didaktisches Patentrezept? In: Berufsbildung in Wissenschaft und Praxis, Zeitschrift des Bundesinstitut für Berufsbildung in Berlin, Heft 6 1993 (Nov./ Dez.). S. 22-27.

Rumbel,Greville
Open Learning, Distance Learning and the Misuse of Language. In: Open Learning, Volume 4 Nr. 2 6/1989. Großbritannien.

Rust, W. Bonney (Hrsg)
Vocational Education and Training in England and Wales. Broschüre von The Association of Vocational Colleges International, 4/ 1992.

Sargant, Naomi
Open and Distance Learning. In: Adults Learning, Leicester, Großbritannien, Vol 4, Nr. 1 9/1992. S.17-19.

Sargant, Naomi
Open and Distance Learning. In: Adults Learning, Vol 3, Nr. 10, 6/1992. Special Issue. Womens Education and Training into the 21st Century. S.273/274.

Schiersmann, Christiane
Berufsbezogene Weiterbildung und weiblicher Lebenszusammenhang. Zur Theorie eines integrierten Bildungskonzeptes. Bielefeld 1987.

Schiersmann, Christiane
Frauenbildung. Konzepte, Erfahrungen, Perspektiven. Weinheim/ München 1993 a)

Schiersmann, Christiane
Strukturen und Perspektiven beruflicher Weiterbildung von Frauen. In: Gieseke, Wiltrud (Hrsg), Feministische Bildung - Frauenbildung. Pfaffenweiler 1993 b) S. 57-78.

Schmidt, Hermann
Berufliche Weiterbildung in der Europäischen Gemeinschaft - Impulse für die deutsche Weiterbildung. In: Berufsbildung in Wissenschaft und Praxis, Bundesinstitut für Berufsbildung in Berlin. Sonderdruck zu Heft 6/ 1993. S.10-16.

Schneidereit, Monika
Frauen und Fernstudium. Inhaltliche und organisatorische Korrekturen am traditionellen Fernstudium. In: Fernunterricht für ausgewählte Zielgruppen, Bundesinstitut für Berufsbildung, Berlin, 5. Werkstattgespräch am 11./12.11.1985.

Sewart, David/ Keegan, Desmond/ Holmberg, Börje (Hrsg)
Distance Education: International Perspectives. Kent, Großbritannien, 1983.

The Open Learning Directory 1993
Nachschlagewerk, Oxford, England, 1993.

The Open University
Open University Statistics 1990. Students, Staff and Finances. Fourth Annual Publication, Open University Milton Keynes, England.

The Open University
Studying with the Open University 1993/3, Milton Keynes, 1993

Thompson, Jane L.
Adult Education and the Women's Movement. In: Lovett, Tom (Ed.), Radical Approaches to Adult Education, a Reader. London 1988. S.181-201.

Thorpe, Mary
Open Learning for Adults. Burnt Mill, Großbritannien 1987.

Titmus, Colin
Strategies for Adult Education. Practices in Western Europe. Chicago 1981.

Titmus, Colin . (Hrsg)
Lifelong Education for Adults. Oxford 1989.

Universität Erlangen-Nürnberg/ FIM Psychologie
Telcom. Beschreibung des Lernsystems. Erlangen 1995

Voigt, Wilfried
Berufliche Weiterbildung. Eine Einführung. München, 1986

von Prümmer, Christine/ Rossié, Ute
Geschlechtsspezifische Aspekte der Fachwahl. Ausgewählte Ergebnisse einer Befragung von Fernstudentinnen und Fernstudenten. Reihe Frauen im Fernstudium der Fernuniversität Hagen, 6/1987.

von Prümmer, Christine
Gleiche Chancen für Frauen? Anmerkungen zu Faktoren, die Frauen den Zugang und Verbleib im Fernstudium erschweren. In: Jahrbuch der Gesellschaft der Freunde der FernUniversität e.V., Hagen 1988, S. 86-100.

von Prümmer, Christine/ Rossié, Ute
Einschreibungen und Fachwahlverhalten von Studentinnen und Studenten der FeU in den 80er Jahren. Reihe Frauen im Fernstudium , 12/1990.

von Prümmer, Christine/ Rossié, Ute
Relevanz von Studienzentren für Frauen und Männer. Ausgewählte Ergebnisse einer Befragung von Fernstudentinnen und Fernstudenten. Reihe Frauen im Fernstudium der Fernuniversität Hagen, 6/1991(2. Auflage).

von Prümmer, Christine
Women-Friendly Perspectives in Distance Education. Beitrag zur International WIN-Conference on "Feminist Pedagogy and Women-Friedly Perspectives in Distance Education", 10.-13.6.1993, Umea, Schweden. In: Open Learning, Milton Keynes/ Harlow. Vol. 9, Nr. 1, 2/1994. S. 3-12.

Wedemeyer, Charles A.
Lernen durch die Hintertür. Lernen in der Lebensspanne. Weinheim/ Basel 1989.

Wedemeyer, Charles A.
Die Bedeutung des "offenen Lernens" für das "angeleitete Selbststudium" (Fernstudium). In: Dohmen, G./ Wedemeyer, C.A./ Rebel, K., Offenes Lernen und Fernstudium. Reihe Tübinger Beiträge zum Fernstudium Band 9. Weinheim und Basel 1976. S. 55-90.

Anhang 1: "Open Learning" Kontinuum nach Roger Lewis; veröffentlicht in Lewis, R., 1986, S. 6

Question	Open end	Closed end	Notes
Who?	Anyone can enrole	Conditions must be met, e.g. age or qualifications	To what extent are any limitations, for the students sake or for the providers convenience?
Why?	Student's own decision	Choice is made for the students, e.g. by school/ parent	To what extent is the motivation the student's?
What?	Student chooses content of the curriculum	Syllabus is pre-determined	To what extent can the student choose/ negotiate what is learned?
How?	Many routes Many methods Many media	One route One method One medium	To what extent can the student choose • routes through the content • methods of learning (e.g. case studies, role play, writing,) • media (eg audio-tape, print, illustrations. video, computer)?
Where?	Anywhere	One place only	To what extent are the learning ressources portable?
When?	Start anytime One pace Finish anytime	Fixed start Fixed pace Fixed finish	To what extent can the student choose/ negotiate • when he or she starts? • the pace at which learning progresses? • when he or she finishes?
How is the student doing?	Student choice of assessment methods Frequent, full feed-back on performance	Fixed assessment methods Infrequent, skechy feedback on performance	To what extent can the student participate in assessment decisions? How frequent and informative is feedback to the student?

Question	Open end	Closed end	Notes
Who can help?	Help provided /Student can choose (e.g. from several teachers) Teacher offers varied help	No help provided No choice Teacher in a limited role	What kinds of help are made available? Can the student choose the most appropriate helper/ form of help? How broadly does the teacher define his/ her support role?
What can the student do next?	Many possible destinations(e.g jobs, activities, subjects)	Only one destination	To what extent does the learning lead to other opportunities?

Anhang 2: "Open Learning" Kontinuum nach Jost Reischmann; veröffentlicht in Reischmann, J. 1988, S. 64

Checkliste "Offenes Lernen"

	Pol "Geschlossenheit"		Pol "Offenheit"

1. Arrangement

	Pol "Geschlossenheit"		Pol "Offenheit"
Lernort	räumlich fixiert	—I—	räumlich beliebig
Unterrichtszeit	bindend festgelegt	—I—	individuell festlegbar
Beginn	einmalig	—I—	jederzeit
Zulassung	Voraussetzungen	—I—	jedermann zugänglich
Bekanntheit	verborgen	—I—	öffentlich angeboten
Preis	hoch	—I—	gering
Lehrperson	notwendig	—I—	nicht nötig

2. Gestaltung des Lernprozesses

	Pol "Geschlossenheit"		Pol "Offenheit"
Lernwege	bindend	—I—	individuell gestaltbar
Lerntempo	vorgegeben	—I—	individuell gestaltbar
Ressourcen	vorgegeben	—I—	wahlfrei
Erfolgskontrolle	Fremdkontrolle	—I—	Selbstkontrolle
Erwartung			
- Zertifikat	speziell - enger Wert	—I—	vielfältig anwendbar
- Gebrauchswert	monovalent	—I—	mulitvalent

3. Inhalt

	Pol "Geschlossenheit"		Pol "Offenheit"
Verbindlichkeit	hoch	—I—	niedrig
Schwierigkeit	hoch	—I—	gering
Orientierung	fachorientiert	—I—	sachorientiert
Ganheitlichkeit	einzelne Dimension	—I—	vielfältige Dimension

4. Einstellung der Lerner

	Pol "Geschlossenheit"		Pol "Offenheit"
Risikobereitschaft	niedrig	—I—	hoch
Selbständigkeit	niedrig	—I—	hoch
Freiheit	klein	—I—	groß

Anhang 3: National Education and Training Targets (NETTs); entnommen der Broschüre National Institut of Adult Continuing Education, 3/1993, S. 8

The National Education and Training Targets

FOUNDATION LEARNING

Higher basic attainment
1   By 1997, 80% of young people to reach NVQ Level 2 (or equivalent)

More higher level skills
2   Training and education to NVQ Level 3 (or equivalent) available to all young people who can benefit
3   By 2000, 50% of young people to reach NVQ Level 3 (or equivalent)

Broad-based skills
4   Education and training provision to develop self-reliance, flexibility and breadth

LIFETIME LEARNING

Increase in participation and in those seeking qualifications
1   By 1996, all employees should take part in training or development activities
2   By 1996, 50% of the workforce aiming for NVQs or units toward them

More higher level skills
3   By 2000, 50% of the workforce qualified to at least NVQ Level 3 (or equivalent)

Effective employer investment in education/ training
4   By 1996, 50% of medium to larger organisations to be "Investors in People"*

---

*Unternehmen, die in die Weiterbildung ihrer MitarbeiterInnen investieren

GPSR Compliance
The European Union's (EU) General Product Safety Regulation (GPSR) is a set of rules that requires consumer products to be safe and our obligations to ensure this.

If you have any concerns about our products, you can contact us on

ProductSafety@springernature.com

In case Publisher is established outside the EU, the EU authorized representative is:

Springer Nature Customer Service Center GmbH
Europaplatz 3
69115 Heidelberg, Germany

www.ingramcontent.com/pod-product-compliance
Ingram Content Group UK Ltd.
Pitfield, Milton Keynes, MK11 3LW, UK
UKHW041947230426
12048UKWH00008B/192